「自然流健康の家」でくつろぐ

のびのびと遊ぶ子どもたち

子どもに安心して住める家を残したい

横浜で建築一筋60年
笑顔の建築人

小林康雄
Yasuo Kobayashi

文芸社

イラスト：渡辺雅美

はじめに

私が建築人としての人生をスタートしたのは一六歳。東京都大田区の銘木店に弟子入りしたときのことだ。以来、折々に親方から「本物でなければ、目あきの人は振り向かないぞ」と、この言葉を投げかけられた。

世間には物の価値や道理がわかる人がいる一方で、まったくわからない人もいる。わかる人を相手にするなら、謙虚さを忘れず努力を重ね、正直で誠実な家づくりをしていけ。わからん人を相手にするなら、施主を蚊帳の外に置き、自分勝手に相手をだますような家づくりでもまかり通る。

その後、建築業界に身を置き、六〇年になる。この間、この業界にはどちらのやりかたでも成り立つことを見てきた。家を建てることは人生に何度もあることではないし、学校で家づくりの勉強はないし、ほとんどの人がにわか仕立ての知識で家づくりを始める。

健康を害する家、三〇年そこそこで寿命を迎えてしまう家であっても、身勝手な商売を押し通し、儲けるだけならことは簡単だ。

しかし私は、小僧の頃から、価値のわかる人を相手に商売のできる職人になりたいと思っていた。今もこの思いは変わらない。なぜなら、家は、ただ雨風がしのげればいいというものではなく、家族みんなの「いのちの器」だからだ。どんな家に住むかによって、親・子・孫の三代の健康、心の豊かさ、そして地球環境との関わり方まで決まる。

誰もが自分たちの人生にふさわしい、失敗のない家に住むべきだし、私たちつくり手にはそれをかたちにする責任がある。

家づくりは本来何回もできることではない。ほとんどの人は一生に一回だ。高額の資金も必要だ。失敗は許されない。そのため、家づくりを考えている方々に、まずは物の価値や道理がわかる人になって欲しいと願う。そうなるためには、必要なことが二つある。

ひとつは、物事の基本となる知識を身につけることだ。現代の社会が抱える問題とは？　その根源にあるものとは？　自然から生命をもらいうけ、いつかまた自然に還っていく人間にはどんな住まいが最適か……しっかりと学んで欲しい。

もうひとつは、さまざまな知識を得た上で、自分の価値観をしっかりと見つけることだ。つまり、部屋の広さや間取りを考えるより先に、どのような人生を送り、家族とどんな暮らしがしたいのかを考えて欲しい。その先に、自分たち家族に本当にふさわしい人生としての「いのちの器」が見えてくるはずだ。

環境にもやさしく、住み甲斐のある家を建て、豊かな人生を送る――こんな希望を実現するためには学ぶとともに行動が求められる時代だ。

あなたにとってこの本が、住み甲斐のある、価値ある家づくり、本物の家づくりの道しるべとなったらこの上なく嬉しいことだ。

目次

第二章　親子孫三代受け継げる、予防医学を実践する家を建てるための15の道しるべ

第三章 「自然流健康の家」に住む人の声

第一章

建築人が思う、価値ある家を建てるために知っておきたい七つの真実

真実
その1

健康を蝕む経済優先社会の現実

四〇年前、焚き火から出た青い炎はダイオキシン

冬の朝は、澄みきった空気が広がる。胸いっぱいに吸い込むと、体じゅうの細胞に活力がみなぎっていくようで、清々しい気分になる。屋根の上から遠くに目をやると、雪化粧をした富士山と丹沢の山並みが見える。横浜にいてこれだけの景色を毎日眺められるなんて、外仕事の特権のように思える。

「棟梁ー!」

下を見ると、仲間の大工が手招きをしていた。

私たち大工は、朝、現場に入ると、まず半端な木材を集めて焚き火をし、暖を取る。寒くて手先や体がうまく動かないまま仕事を始めると、大きな事故やケガを引

き起こしてしまうことがあるからだ。私もその輪に入った。

シューッ！

ピシューッ！

突然、焚き火の中からロケットのように青色の炎が飛び出した。同時に、あたりは猛烈な臭いに包まれた。

「最近、これ、よく起きますよね？」

「……そうだなぁ」

「ゴホッゴホッ」

「なんだ？　風邪か？」

「風邪なのかなぁ。このところ咳が続いているんです」

「健康第一だ。早く治すんだぞ！」

一九七〇年、大工になって約一五年。それまで焚き火から飛び出す青い炎を見ることも、焚き火が臭いと感じることもなかったのだが、この頃、気持ち悪さを感じるようになった。ただ、みんなはそれほど気にはしていなかった。

その当時の日本は「行け行けどんどん！　とにかく前進あるのみ！」という高度

経済成長の真っ只中にあった。建築業界では「新建材」と呼ばれる化学建材をはじめ、新たな建築資材や接着剤が続々と登場した。私はなんの疑問も感じることなく、新しい技術、工法、経営手法にチャレンジしながら、真剣に家づくりに取り組んでいた。

そんな中、まわりで変化が起きはじめた。

現場で暖を取ると、青い炎が飛び出たり、黒いススが上がったりするようになり、「喉の奥が渇いて痛い」「鼻の詰まりが取れず息苦しい」「風邪のような症状がずっと続いている」などと言って、ぺっぺ、ぺっぺと痰を吐く行儀の悪い職人が増えてきた。病気とは無縁の生活を送っていた職人が、「気分が悪い」と急に言い出し、現場で座り込んでしまったこともあった。

それから数年後、私たちが扱っていた便利で軽くて一定の品質が確保された新たな建築資材は、有害な化学物質の塊であるという事実を知った。焚き火から飛び出た青い炎は、毒性の強いダイオキシンという化学物質だったのだ。

そこここに隠れている「売り手の都合」

二〇世紀は、大いに科学を発展させた時代だった。二一世紀に入ってからは、その技術が応用され、情報技術や遺伝子レベルでの医療などあらゆる分野で目まぐるしい発展が続いている。科学の発展を追求することは、徐々に自然と私たち人間との距離を広げ、問題を引き起こす。しかし今、多くの人はそれを、「便利だ」「発展の賜物だ」と信じて生活をしている。

例えば食べ物。ずいぶんと日持ちするものがたくさん出回っている。コンビニエンスストアなどで惣菜や弁当の賞味期限表示を見ると、驚いてしまうことがある。しかし、これに慣れてしまった多くの人たちは、数日後の賞味期限を見ても、何も違和感を覚えないのだろう。時間が経つと、多少味は落ちるかもしれないが、見た目も香りも数日前と変わらないため、抵抗なく食べている人がほとんどだろう。

なぜ日持ちするのだろうか？　それは日持ちがするように、腐らないように、化学物質である食品添加物で処理がされているからだ。では、誰のためにしているのだろうか？　私たち消費者のためだろうか？　いや、売り手のためにおこなわれているのだ。日持ちする商品は、売り手を助けてくれる。毎日毎日、商品棚を入れ替える必要がなくなる。売れ残る商品を減らせるため、利益にもつながるのだ。また、食べ物の中には、着色や発色の加工が施されているものもある。これは私たち消費者の視覚に訴え、購買意欲をそそるためだ。

「品質を向上させます」「保存性を高めます」「食中毒のリスクを下げます」「廃棄物を減らす取り組みを通し、社会貢献をしています」……私たち消費者のためになるような言葉の向こう側には、経済を優先したい売り手の都合がある。そして、「許容摂取量を遵守しています。だから問題はありません」といって、さまざまな商品に添加物を加えている。

普通に食事をしていると、その食品を通して一年で四キログラム、一生涯でドラム缶一本分以上の食品添加物が体に入ると言われている。私たち消費者の健康は置き去りにされているのだ。

私が子どもの頃は、一般家庭には冷蔵庫がないから、夏には傷みが早く、調理した翌日からはすえた臭いがしたものだ。毎日食べるコメも炊き上げればすぐに傷みだす。建築現場に出ている頃は毎日弁当を持っていったが、傷まないようにと妻はものすごく気を遣い、漬物や梅干しを入れて握り飯にするなど、さまざまな工夫をしてくれた。日持ちしないことを不便に思うかもしれない。しかし、食べ物の本当のありがたみを感じさせてくれるし、旬のものや自然に近いものを食べることは健康の意識を高めてくれるようにも思う。これが食べ物のあるべき姿であり、教えなのだと私は思う。

無知になってはいけない、医療の世界でも起こっていること

ついに年間の医療費・社会保障費の総額が四〇兆円を突破した。国家財政の三分の一を超す勢いである。高齢化による医療費増大という面はあるものの、高齢者や生活保護受給者に莫大な税金が投入されている。この税金を「目当て」に、医療機関では医療費の請求を増やせるように入院患者より外来患者を増やすなど、さまざまな問題が見え隠れしている。

もちろん、医療の世界でも経済は重要だ。しかし、誤った方向に向いている病院や薬品会社も存在するのだ。このままでは、国家財政は立ち行かなくなる。後の世

代にツケを回すことになれば、今よりももっともっと苦しい社会で生きることを子どもや孫たちに強いてしまうのではないか。

妊婦に対する超音波検査・画像にも疑問がある。これは本来、胎児が元気に育っているかを確かめるための検査だ。しかし最近、生まれる前からわが子の成長の記録を残したいという要望が高まり、３Ｄエコー、４Ｄエコーを使った写真撮影やビデオ録画など、医療の目的から外れた利用が広がっているそうだ。超音波画像とはいえ、こうした記念撮影には基本的に健康保険が適用されないので、家族は費用を実費で支払い、生まれる前のわが子の画像を手に入れている。「お金を払って好きでやっているのだからいいじゃないか」、そう思うかもしれない。しかし、そんな簡単な話ではない。

イギリスの産婦人科学会では、妊娠してから一定期間は超音波検査をおこなわないというガイドラインの策定を目指しているそうだ。アメリカでは、必要のない超音波検査を推奨しないと勧告している。これらは万が一の胎児への影響を防ぐための取り組みであって、世界の基準では、超音波検査は医学的に必要な場合にのみ使用されるべきものなのだ。それなのに日本では、希望があれば使用してしまう。元気な赤ちゃんの誕生を待ちわびる家族の気持ちに応えているように見えて、実際には将来の不安をつくっているようなものだ。

健康診断や定期検診にも同じことが言える。レントゲンやＣＴといった医療用放射線検査による「医療被曝」の危険性が叫ばれている。イギリスの研究で、日本は世界の中で最も多く放射線検査が実施されており、医療被曝で毎年約一万人もの人がガンになっていると発表された。日本は、世界でも突出して医療被曝が多い国だという事実が明らかになっているのだ。お金を払って将来の健康を害しているだけなのに、「早期発見だ」「予防だ」といって、自覚症状のない人へのガン検診や職場での定期検診が続けられている。

医療機関にとっては健康診断や定期検診ほど喜ばしいものはないだろう。ＣＴなどの医療機器は非常に高額だ。そのため、積極的にＣＴを使って、採算を取らなくてはならない。健康診断や定期検診が続けば、患者だけでなく健康な人にも機器を使用できる。効率的に使用回数を稼げるのだ。

ただ、私たち患者側にも問題がまったくないとは言えない。医療機関に行って特に検査がおこなわれないと、「あの先生は何もしてくれなかった」と文句を口にする人がいる。「丁寧に診てもらえた。良い先生だ」と思われるように、検査をとりあえずおこなっている医療機関もあるのではないか。

世の中が複雑になって便利になった今、私たちはいろいろなことに無知になってしまった。そのため、売り手の都合を優先し、消費者の健康をおろそかにするさまざまなものに囲まれている。それらに疑問を持たずに生活をしている。また、疑問を持ちはじめた人に対して新たな商品を出し、病気の不安を商売の道具にしている売り手もいる。

「環境」「健康」「自然」「エコ」、こういった言葉を取ってつけただけの正義の使者がはびこっている。

高齢者を喰いものにしたり消費者を置き去りにしたりする商売、健康をねじ曲げた商売があふれるこの時代、どうしたら自分や家族を守れるのか、私たちは積極的に自らが考え、学び、行動しなければいけない。

実は「売り手都合」の宝庫となっている家

残念ながら建築業界にも、経済効果を謳った売り手の都合があふれている。むしろ、産業界では最たるもの、と言わなければいけないかもしれない。

「家を建てたい！」と考えはじめるとき、同時に、誰もが新しい家でバラ色の夢を実現し、今より豊かな生活を送りたいと考える。インターネットで情報収集をしたり、住宅関連の雑誌や本を読んだり、セミナーに参加したり、誰もが積極的に行動する。家族みんなで夢を語らう時間も増えるだろう。

その過程で、住宅展示場に足を運ぶ人が多くいる。複数の大手ハウスメーカーがモデルハウスを建てていて、比較検討できるため、「どんな家が建つのか手っ取り早く見ることができる便利な施設」「家づくりに役立つ情報が集約されている」といったイメージがあるのかもしれない。しかし、住宅展示場はまさに「クモの巣商法！」。建て主が経験も判断基準も持たないのを幸い、良いことづくめの営業で、売り手の都合で契約に持ち込むことも少なくない。

昭和四〇年代に出現したハウスメーカーは、家を量産するために、家を規格化し、工業化してしまった。家の規格化は、日本伝統の建築技術を衰退させたり、地域性のある景観を失わせたりと、問題視されていることを知る方も多いだろう。

私は職人時代、バイクを走らせるのが趣味だった。北海道から九州まで全国津々浦々を旅したものだ。行く先、行く土地で郷土色あふれ特徴ある家づくりに目が奪われた。これらを見るのも旅の楽しみのひとつだったし、写真に撮るなど記録して、地域ごとの家づくりの研究もした。ところが、その後ほんの数十年の間にそんな風景はほとんど消滅してしまった。今では全国どんな地方に行っても同じような工業化住宅が建ち並んでいるのを目にするようになった。

知られていない、建て主が払う建築費の三〇～五〇パーセントの行方

ハウスメーカーが家を工業製品にしてしまったことは、広告宣伝が最優先という新たな問題を生み出した。大手ハウスメーカーで三〇〇〇万円の建物を購入するとする。そのうち、どれくらいが建物本体にかかる金額と思うだろうか？

人件費や経費を引いて、二七〇〇万？　いや二五〇〇万？

それくらい建物にかけてくれれば嬉しい。しかし、実は半分ぐらいしか建物には回らない。残りはどこに使われてしまうのか？

ハウスメーカーは集客に膨大なコストをかける。テレビやインターネット、新聞、雑誌などでの広告宣伝、販売促進のための営業マンの採用、住宅展示場などでのイベント開催、手土産の用意、豪華なパンフレット作成……さまざまな経費を必要とする。そして忘れてはいけないのが、フルオプションの豪華なモデルルーム。電気代、水道代、冷暖房代、おしゃれな空間を演出するダイニングセットやソファ、観葉植物など維持費にも毎月何千万円もの費用をかけている。全国にある大手ハウスメーカーが持つモデルルームの建築費と維持費を合わせると、一棟あたり年間一億円もの経費になると言われている。こうした費用はハウスメーカーが負担しているわけではない。家を建てる人たちがみんなでコストの負担をしているのだ。

人件費も大きなコストだ。大手ハウスメーカーはたくさんの販売担当者を抱え、人海戦術で契約を獲得していく。その大量の販売員たちの給料に加えて福利厚生費、教育費などもすべて、そのハウスメーカーで家を建てる人たちが負担をする。保証や保険、検査や税金、これら建物に関係のないコストの総額は、建て主が支払う総額の三〇～五〇パーセント近くを占めるという某機関の調査結果もあるほどだ。「確かにコストは膨大だが、その残りは建物本体に回っているはずだ……」と願うことだろう。しかし残念ながら、残りすべてが建物本体に回るわけではない。

大手メーカーで家を建てる場合、建築現場で実際に作業をおこなうのは下請の建設業者だ。下請業者は一社ではないし、下請業者はさらに孫請け工務店にその工事を投げ、孫請け会社が各専門業者を手配し工事をする。これらの業者すべてが経費や利益を差し引いていく。最終的に、支払総額の五〇パーセントが建物本体に回せたら、万々歳ではないだろうか？　また、もし狭小地や不整形地に家を建てることになれば、工業製品では対処できない。規格外の家をつくらなければならないため、コストは一気に跳ね上がる。

この価格が異様なことは、世界の住宅事情と比べても一目瞭然だ。住宅価格の年収倍率は、東京一二・九倍、大阪九・五倍に対して、ニューヨークはたったの二・九倍。土地価格の違いはあるにしても、とても大きな差がある。仕組みを変えないから価格が高止まりなのか、高止まりをいいことに今の仕組みに甘んじているのか。業界の都合を優先する姿勢を改め、日本の将来を考えた新しい社会の仕組みづくりに取り組むべきときではないだろうかと考えている。

不健康で寿命の短い家

住宅価格がこうした仕組みになっているため、天然の建材を使っていては利益が出ない。ハウスメーカーは家の材料費をできる限り抑えようとする。

あなたの家の床板を思い出して欲しい。木目が見事なフローリングが思い浮かぶのではないだろうか？　多くの人が「木」だと思っているあのフローリング、確かにもともとは木材だが、私たち大工から言わせれば、木と言えるような代物ではない。

木目のきれいな床板の断面を見ると、どうなっているだろうか？　きれいな木の板に見えるが、表面に木目を印刷して硬質処理をした化学建材であることがわかる。中身は、安価な輸入木材の薄板合板だ。木ではなく、大量生産された工業製品といったほうが正しいだろう。ドア、天井板、内壁、さらには柱や梁までも、その材料は細木を接着した合板や集成材、つまりは「化学建材」なのだ。

使われているのは接着剤だけではない。防虫剤や防カビ剤などの化学物質が大量に使われている。簡単に量産できるように、材木店が楽に運搬・保管できるように、クスリ漬けにしているのだ。「クスリ」を反対から読むと「リスク」だが、これは笑いごとではない。

クスリ漬けの家が抱える最も大きな問題は、住む人を不健康に、そして不幸にしてしまうことだ。建築現場で私が目の当たりにした職人たちの体調の変化が何よりの証拠だ。もっとも、家に住むのは健康で丈夫な大人だけではない。赤ちゃんや子ども、ペットも住んでいるだろうし、病気を抱え抵抗力が落ちている高齢者も住んでいる。幼い子どもや健康面が弱い人ほど家で過ごす時間は長いというのに、どれだけ悪い影響を受けてしまうことか、計り知れない。

大量生産されているのは、化学建材を使った、まさに病気の家。ここに建て主のメリットは何ひとつ見当たらない。あるのは売り手のメリットだけだ。厚顔無恥な営業マンは「コストの面でも機能の面でも、天然の素材より優れた家ですよ」と建て主に甘くささやくのだ。

夢を見せる住宅展示場

さらに、耐久性にも深刻な問題を抱えている。クスリ漬けの家は、たったの三〇〜四〇年で寿命を迎えてしまう。寿命になれば、住む人は建て直しやリフォームを考えざるを得ない。もう一度住宅展示場に駆け込む人もいるだろう。モデルルームは家を見せるためにつくられたものではなく、夢を見せるためにつくられたものだ。一歩足を踏み入れれば、金銭感覚は平常ではなくなる。考えていた予算をいつの間にか膨れ上がらせてしまう。これではハウスメーカーの筋書き通りではないか。

この筋書きに拍車をかけるのが、家の流行づくりだ。ひとたび省エネが話題になれば「外断熱の家」「高気密の家」、健康問題が取り上げられれば「自然派住宅」「健康派住宅」が登場する。災害が起きれば「耐震」がキャッチフレーズになる。最近では「ZEH（ゼロ・エネルギー・ハウス）」が流行になっている。本当に理想的な家が、そうコロコロと変わるだろうか？　これらは家を売るための話題づくりでしかない。しかし建て主の中には、家を建てるのと洋服を買うのとはわけが違うことを見失ってしまう人もいる。流行や見た目で、生命を預ける家を選んでしまうのだ。

「自然」や「健康」を冠した家がまゆつばものであることも少なくない。流行にのった商品でしかないため、見えるところには無垢材を使い、壁に隠れる下地板や柱には当たり前のように化学薬品や化学建材を使う。自社の利益のために、契約にこぎつけるために、住む人の健康をないがしろにしているのだと感じる。

また、木のことを正しく知る人が減った今、営業マンは言葉巧みに建て主を誘導する。伝統的な木造軸組工法は地震に弱く、無垢材より集成材のほうが安全だと簡単に信じさせてしまう。木目を印刷しただけの床板や壁材を並べ、それを木のぬくもりだ、癒しだと言う。

日本では生産性の高いものへの規制が甘く、人命に関わるような問題が起きて初めて大騒ぎをする。それをいいことに、コスト最優先、作り手優先の住まいづくりの仕組みができてしまったようだ。

ハウスメーカーは職人の心を変えてしまった

ハウスメーカーでの家づくりが浸透したことは、一部の職人の気持ちも変えてしまったように思う。今、家をつくるとき、建て主が会うのはハウスメーカーの営業マンだけだ。現場の職人に会うことはない。職人は自分がつくる家にどんな人が住むのかを知らない。これは、住む人とつくり手の交流を奪うだけでなく、人間らしい感情も奪っているように感じる。建築の現場で職人たちは、どこの工場でつくられたかもわからない部品が運び込まれるままに、プラモデルのように家を組み上げてしまう。「こんなクスリだらけの家ではまずい」「こんな建築資材を使って、困るのはお客さんだ」といった思いもなくしてしまった。本来職人は、建て主の思いに応えるために、蓄えた知識や鍛えた技術を発揮しなければならない。しかし、売り手の経済を優先した考え方のせいで、家づくりは無責任なビジネスになってしまった。

半世紀以上にわたり建築の世界で生きてきた私には、今おこなわれている家づくりは理解できないし、許すこともできない。家は日常の買い物ではないのだ。一口に家と言っても、ピンからキリまで、玉石混交であることを知っている私が、職人としての使命感を持って、家づくりについてこれから詳しく伝えていきたい。

真実その２
新建材という名の化学建材

新建材という名で隠された化学建材とは？

連合軍を相手にした第二次世界大戦で、日本は敗戦国になった。戦後、焼け野原になった日本で、家の建築ラッシュが起こった。急激に需要が高まったため、国内材はすぐに不足してしまった。そこに粗悪な建材や輸入材の流入が重なり、外材と言われる外国の木材が当たり前のように使われるようになっていった。

高度経済成長期に入ると、何もかもに合理性が求められるようになった。建築業界にもその波は訪れ、その結果登場したのが「新建材」という名の化学建材だった。

木材のチップを接着剤で固めたものに木目の塩ビシートを貼ったものや、薄板を何重にも貼り合わせたもの、ビニールクロス、きれいに見せる塗料類も化学物質だ。工場で安価に大量生産でき、見た目がきれい、バラつきが少ない、理想的な建材だと考えられた。「新」という言葉に、夢の建材の誕生だと、時代が沸きたっていた。

化学建材の光と影

私も期待を寄せた一人だった。

私が一六歳で大工になってから化学建材が登場するまでは、無垢材、土、紙、竹、藁といった自然素材を使う家づくりしか知らなかった。国産の杉や檜の木材を腕の感覚がなくなるまで朝から晩までカンナ削りをして、ノミでほぞ穴加工……すべてを手作業で進めた。一人前の大工になる修業は大変なものであった。

しかし、化学建材は最初からきれいに加工されているため、手仕事で板を削り続けるようなことを必要としない。効率のよい建材が安価で手に入るようになったのだ。それに国のお墨付きなので、現場も施主も化学建材の導入に何ひとつ疑いを持たなかった。

接着剤の登場にも私たちは大いに喜んだものだ。金槌で釘を一本一本打たなくても、材料と材料に白いどろどろした接着剤を塗って貼りあわせればピタッと着く。その接着力は強力で、一度くっつけばそうそう剥がれないように思えた。床も壁も天井も、そこかしこに接着剤を使った。自分たち職人は簡単な作業で効率よく作業が進められるし、お客さまにとってはローコスト。使わない理由などあるだろうか？　たくさん使うことがお客さまへのサービスだと日本中の職人が勘違いした。

ところが、時間が経つにつれ、化学建材への期待は大きな間違いだったことが明らかになっていった。化学建材で建てた家は、完成したときが最高。あとは時間の経過とともに劣化が進んでいく。接着力は弱まっていくし、木本来の性質を失い調湿できないため、徐々に木は蒸れて、カビが生えたり腐ったりもする。それを少しでも先延ばしにしようと、私たちの体に害のある防虫剤や防腐剤、防カビ剤が大量に使われる。だが、いつまでも劣化や腐食、シロアリの被害を防ぐことはできない。リフォームが必要になるだけでなく、最悪の場合、一代限りで建て直すことにもなる。それに、接着剤がホルムアルデヒドを発生させる犯人であることなど、誰が考えただろうか。

今、街を見渡すと、新しくはないのに、古びてもいない、こんな不思議な家が目に留まる。こうした家のほとんどは、高度経済成長期以降につくられた家だ。外見上は問題ないように思えても、家の中は問題だらけ。台所の床や脱衣所の床がボコボコで危険な状態になっていたり、部屋の壁の四隅にしみが浮いていたり、戸や窓の開閉が悪くなったり、結露やカビが発生したりと、家じゅうに問題が起き、住む人は頭を悩ませていることだろう。こうした問題のほとんどは、化学建材の使用に端を発するのだ。

本当に必要とされる建築資材とは？

化学建材の正体が明らかになってきたとき、私は自分自身が取り組んできた家づくりを振り返り、「昔はこんなことは起きなかった」とハッとした。

太古からの建築資材である無垢材は、原木から切りだして乾燥させた材木だ。塗ったり貼ったりしていない正真正銘の木だ。その特徴のひとつは、湿気を吸ったり吐いたりする性質を備えていること。室内や床下の湿気が高くなってくると、その湿気を吸い込む。反対に乾燥した部屋では木材が含む湿気を吐き出す。この性質のおかげで、無垢材でできた家は住まい全体の湿度が一定で快適な空間を保てる。もちろん、無垢材自体が蒸れてしまうことはないので、無垢材で建てた家は腐りにくく、とても長持ちする。文句のつけようがない。優れた建築資材と言える。あえて難を言えば、新建材に比べ扱いにくいところだろうか。しかし高度経済成長期は、戦前・戦中の時代にあったものはすべて悪だと見なし、過去の良き伝統、先人の知恵すべてを否定してしまったのだ。

今も堂々と、化学建材の家づくりはおこなわれている。しかし私は、もう一度、無垢材、土、紙、竹、石といった自然素材を使う家づくりを見直さない限り、心身ともに安心できる家はつくれないと考えている。

真実その3
シックハウスはなくなっていない

化学建材でつくられた家での暮らし

「四年前に建てた家を売って、『自然流健康の家』を建てたいんです」

ある日、私たちを訪ねてきた夫婦が、席に着くなりこう切りだした。

ずいぶんと切羽詰まっているようだった。旦那さんは両手を握り拳にして、笑顔ひとつ見せなかった。奥さんは時折、咳払いをしたり、こめかみを押したり、気分が優れないように見えた。

「築四年じゃ、まだまだ新築でしょう？　毎日、楽しいで…」

「いいえ。あの……さぞ金持ちだろうなんて思われては困るのですが、私は中堅企業に勤める普通のサラリーマンです。だから四年しか経っていない家を売ってもう一度家を建てるというのは、本当に……すごく悩んで……それでも相談をしたいと思って今日、来ました」

聞くと、奥さんの健康がかかった、いや「一生」がかかった苦渋の選択だった。四年前に建てた家は、名のある大手住宅メーカーに依頼したものだったが、住みはじめてしばらくしてから、奥さんが頭痛を訴えはじめた。最初は風邪だろうと軽く考えていた。しかし、奥さんの頭痛は長引き、目眩まで感じるようになった。そのうち仕事を休みがちになり、それをきっかけに職場での人間関係が悪化していった。仕事を休んで家でゆっくりしても集中力が続かず、家事もそこそこに横になって過ごすことが増えていった。

病院で診察や検査を受けたが、原因ははっきりしなかった。いくつかの病院を回ったが、診察と検査が繰り返されるだけで、症状がやわらぐことはなかった。

やがて、考えられる原因として「新築の家」が浮上した。新居を離れて田舎で過ごすと症状が治まり、帰宅するとぶり返す。このことに気づき、医師に伝えたところ、新居の建築資材が影響しているのではないか、と言われたのだという。その医師が、たまたまシックハウス症候群の患者を診た経験があったのだ。

旦那さんは言った。

「前に家を建ててくれた会社が悪かったというわけではないんです。シックハウス対策の法律の話もしてくれましたし。原因がわかってからは、換気を心がけて、できるだけ化学物質が室内にこもらないようにしました。でも、冬は暖房が必要なため締め切らなければならず、頭痛と目眩はひどくなって。妻が『もう、この家には住み続けられない！』って言い出したんです。家づくりに再挑戦することは、家計を考えたら、人生設計が変わるほどの痛手になるかもしれません。でも、正しいと思っています。私たちには小学校低学年の子どもがいるのですが、彼女の健康のためにも建て直したいんです！」

すると、それまで下を向いていた奥さんが、まっすぐに私を見て口を開いた。

「体調が悪くなるたびに、家ってなんだろうって、考えるようになったんです。家って一番ホッとできる場所だと思うんです。でも、私にとっては一番の苦痛の場になっています。『なんでなの！』って主人に食ってかかったこともあります。主人のせいじゃないって頭ではわかってはいるのですが……。化学物質は年々少なくなっていくはずだから、何年か我慢し続ければいいんだと考えようとしたこともあります。でも、それまで私の神経は持ちません。限界なんです。悔しいです。自分が建てた家に追い出されるのですから」

――自分が建てた家に追い出される。

その言葉は私の胸をグッと締めつけた。「自然流健康の家」を掲げる弊社の名に恥じない家をつくろうと誓った。

今なお存在するシックハウス

今から約三〇年前、目がチカチカする、吐き気、頭痛、湿疹、鼻水、イライラするといった不定愁訴、アレルギー……。不快な症状に悩む人が日本全国で急増した。原因が不明だったため、長く苦しむ人が少なくなかった。家で療養することでどうにか症状を落ち着かせようとしても、症状はさらに悪化するばかりで、不安が広がった。それから一〇年経ち、一九九〇年代に入ってから原因が明らかになった。それは「シックハウス症候群」というものだった。

シックハウス症候群とは、医学的には「ＳＨＳ」と言われ、建築に使用された化学建材から発生する化学物質や家屋のホコリから発生するハウスダスト、カビやダニなどによる室内空気汚染などが引き起こす健康被害だ。省エネ対策により気密性の高い家が増え、室内にホコリや化学物質が充満しやすくなったことで被害が拡大した。

家の中を見回すと目に留まる壁や天井のビニールクロス、床のフローリング合板や塩化ビニールクッション、床下に散布された防蟻剤、防腐剤……これらすべてが化学物質でできている。その奥に隠れる集成材は、木材の端辺板材を接着剤で必要な寸法の木材にしたもので、これも化学建材だ。こうした化学建材に含まれる接着剤や防腐剤、塗料などは、揮発性の有害な化学物質を含んでいる。これが室内空気汚染を引き起こす。

当時、シックハウス症候群はメディアでも大きく報道され、化学建材の存在と原因が広く知られることになった。しかし、すでに何十万、いや何百万棟の化学建材の家が建っていただろうか、気づいたときには日本全国に数多くのシックハウスが誕生していた。約五〇〇万人程度の患者がおり、一〇人に一人は何らかの影響を受けていると推定された。また、化学建材や接着剤などの添加物は決して自然界に戻ることはなく、処分時にも大量の有毒物質を大気中に放出することも問題視された。

こうして二〇〇三年にシックハウス対策法が施行され、翌二〇〇四年には、シックハウス症候群が正式な病名として厚生労働省で認められた。「もう有害物質を使った家はつくれない。これから建てる家は有害物質ゼロの安心の家だ」と多くの人が考え、ホッとしただろう。しかし、それから約二〇年経った今も、苦しむ人は絶えない。国民生活センターにも悲痛な相談が寄せられ続けているという。

本来は人間が地上で最も高性能なセンサー

シックハウス症候群が明らかになってから、行政によりさまざまな対策がおこなわれた。厚生労働省により一九九七年から二〇〇二年にかけて室内汚染物質一三種について指針値が定められた。さらに二〇〇三年には建築基準法が改正された。これが俗に言うシックハウス対策法だ。この法律によって規制を受けた化学物質は二種類ある。木材の防腐・防蟻剤として塗布されるクロルピリホスは使用禁止になり、接着剤の原料や防腐剤として合板などさまざまな建材に用いられるホルムアルデヒドは使用が制限された。

ただこれらの対策は、シックハウスの解決には程遠いものだった。

ホルムアルデヒドは身近な化学物質だ。学生の頃、理科室でホルマリン漬けを目にしたことがあると思う。「腐らない」と先生から説明を受け、不気味さを覚えた人もいるだろう。あの液体がホルムアルデヒドを溶かしこんだものだ。法律によってホルムアルデヒドは発散速度により四つに区分され、ランク認定されないものは使用禁止になった。同時に、以後建てられるすべての建物に、十分に、かつ常時換気ができる換気扇の設置が義務づけられた。

これは一体どういうことだろうか？　つまりは、化学建材がシックハウス症候群を引き起こすとわかっているにもかかわらず、有害な化学建材を使ってはいけないと明言していないのだ。明らかに悪いものだけは禁止するから、あとの有害物質は換気扇で室内から強制的に排出すればいいだろう、ということなのだ。指針値は、裏を返せば、その範囲内なら使っていいというお墨付きということでもある。

化学物資に対する敏感さには個人差がある。そのため、法律を遵守した建物でも症状を訴える人は少なくならないし、誰がなってもおかしくないことに目を向けていないのだ。

誰でもシックハウス症候群になり得る

住宅業界もなるべく毒性の低い建材を使うようになってきてはいる。ただ、見栄えのするところだけに自然素材を使って、「シックハウス症候群の心配はゼロ！これが健康住宅でございい！」と堂々と売り出す業者も出てきた。床に無垢材を使ったからといってそれだけで健康住宅や自然住宅とは言えない。せっかく無垢材を使っても、そこに化学物質のワックスを塗ったら、自然の良さは失われるし、有毒な物質が住む人の健康を脅かすことに変わりはない。人間は最高の受信機なのだから、法律上の規制を守っても、見せかけだけの自然住宅をつくっても、本物かどうか見抜くだろう。

「自分はシックハウスとは無縁」と考えている人も少なくない。しかし安心はできない。人間は一回の呼吸でペットボトル一本分、五〇〇ミリリットルの空気を吸って吐き出す。一日に体内に入れる空気の量は一五立方メートル、重量に換算すると二〇～二五キロにもなると言われている。有害物質に汚染された室内にいると、有害物質が継続的に体内に入ることになる。これが毎日続けば、人間も、ペットも、徐々に健康を損なう可能性が非常に高いのだ。自動車が激しく行き交う道路が排気ガスだらけなことは周知の事実だが、きれいな空気に満たされ安らぎの場であるはずの家に有害な物質が充満しているというのは盲点だろう。

それに、家をつくっている建材に何が使われているか、住み手は知りようがない。有害物質が五ミリの厚さの合板を透過して空気中に出るまでに一〇年の歳月を要するとも言われている。人に悪い影響を及ぼすかどうかを検証するには長い時間がかかることもあるのだ。悪影響があるとわかってから対策をするのでは手遅れだ。危険性が否定できないのであれば、化学建材の家づくりから百八十度転換し、自然素材の家づくりを推し進めるべきではないだろうか？　化学建材がこれだけ流通してしまった今、自然素材を選択肢に入れることは、何か特別なことのように感じるかもしれない。しかし、人間の体に違和感を与えない、戸惑いを起こさせない、そんな家を選ぶのは自然なことだ。家づくりの最低限の条件とも言えるはずだ。

シックハウス症候群を助長する家の高気密化

シックハウス症候群の発見以来、その主な原因だと考えられてきたのは、化学建材の使用だった。しかし近年では、シックハウス症候群の新たな原因としてダニやカビ、ハウスダストの影響が指摘されている。これを引き起こしたのも、家の高気密化だ。

「高気密の家」、このキャッチフレーズをよく見聞きするようになった。これは、建具や天井と壁のジョイント部分にできる隙間を少なくし、冷房や暖房の効率をよくすることを目指す家だ。日本ではもともと北海道でつくられるようになった。北海道は、冬は外気がマイナス一〇度を下回る。この寒さをしのぐためにはたくさんのエネルギーが必要になるが、もし家に隙間があったら室内の熱が逃げてしまうため、その分エネルギーを余計に使わなければならない。そこで、徹底的に隙間をなくす家づくりが進められた。省エネ意識の高まりに乗っかり、ハウスメーカーが中心となり大々的に売り出した。

省エネのための家と聞くと、地球環境にもお財布にもやさしい家、いかにもよさそうな家だなと思うだろう。しかし、湿度が高い日本では「結露」という致命的な欠点につながってしまうのだ。

コップに冷たい水を入れておくと、コップの外側に水滴がつく。この自然現象を「結露」と言う。特定の温度の空気に含むことのできる水蒸気の量には最大量があり、これを飽和水蒸気量と言うが、温度が下がると飽和水蒸気量が減るため、あふれた水蒸気が目に見える水滴になるのだ。

家では、特に冬になるといろいろな場所で結露が起きる。例えば、窓ガラスに水滴がつき、サッシが濡れるし、床がベトベトすることもある。長く結露が起きれば、壁や押し入れが湿って、クロスが剥がれる、カビが生えるといった深刻な問題にもつながる。結露を起こすのは、季節や天候の影響だけではない。一般的な生活を送っていれば、煮炊きをするし、お風呂に入るし、呼吸をする。こうしたことでも室内の湿度は高まるので、いつでも、いろんな場所で結露は起き得る。また、気密性の高い家は、徹底的に隙間をなくす家づくりをするため、必然的に窓は小さくなり、換気不足に陥る。エアコンに頼ることが増えるため、エアコン内でも結露は起きやすくなる。

結露の中でも、窓ガラスのように目に見える場所に表れるものを「表面結露」と言う。一方、壁の中や天井裏、床下などの構造内部、つまり見えない部分で発生するものを「内部結露」と言う。特に深刻なのは内部結露だ。表面結露よりも気づきにくいため、知らぬ間に構造材を腐らせてしまい、深刻な二次災害を引き起こすことも少なくない。カビやダニの温床にもなるため、アレルギーも引き起こしかねない。

カビのひとつである真菌は、抵抗力が落ちている人にとっては特に大敵で、皮膚や呼吸器などさまざまな病気の原因となることもわかっている。高齢化が進む中、危険性は高まっていると言えるだろう。

また、ダニもあなどれない。パンケーキ症候群という新たな病気を聞いたことがあるだろうか？　これは、開封済みのお好み焼き粉やホットケーキのもとに混入したダニが袋の中で増殖し、この状態の粉を調理して口にすると、ジンマシンや呼吸困難などのアナフィラキシーを起こすというものだ。気密化し湿度が高くなりがちな家では、この危険も高まると言われている。

シックハウスからの脱出方法

あの日、相談にいらっしゃった夫婦が、その後どうなったのかお話ししよう。

無事、「自然流健康の家」は完成した。家族三人が入居し、まもなく私は新居を訪ねた。

「ついに完成しましたね」

居間に通され、大きく深呼吸した。やわらかな木の香りとあたたかみ。手前味噌だが、私たちが生まれる前から生き続ける無垢材が発する生命力に包まれるような感覚は、何度経験してもいいものだ。

ソファに座ると、奥さんは家を見回してから口を開いた。

「完成したときは、実は『嬉しい』より『怖い』気持ちが強かったんです。もしまたシックハウス症候

群を発症したら、すべてが無駄になるのですから」

その含んだ言い方に、私は一瞬ドキッとした。勇気を奮って質問した。

「……その後、症状は？　どうですか？」

「症状は……まったく出ません！　家を建てるということが、こんな深刻な問題と隣り合わせだとは、あの頃思いもしませんでした。本当によかった。ありがとうございました！」

あの日とは別人のような奥さんの明るい表情、はつらつとした声は、今でも忘れることができない。

真実その4 自己免疫力を低下させる床暖房

損なわれ続ける国民の健康

私の中に、長く引っかかっていることがある。

科学技術が進歩している。驚くようなことがどんどん現実になっていき、とてもワクワクさせてくれる。医療も進歩している。新たな治療法や薬の開発は、多くの人の希望になるはずだ。そして、教育制度が拡充したことで、さまざまな知識を学ぶ機会に恵まれるようになった。今、あらゆることが良い方向に向かっているはずだ。なのに、どうして健康だけは損なわれ、病気の人が増え続けているのだろうか？

保育園の先生に質問をしたことがある。さまざまなアレルギー患者が増えているが、アレルギーの患者数は、特に子どもに増えており、乳幼児では一〇人に一人が食物アレルギーを持っているというデータがあり、また、食物アレルギーを学校に届け出ている子どもは約五パーセントおり、一〇年前に比べると二倍近くに増えているそうだ。少子化が進んでいるというのに割合が増えているのだから、実数もずいぶんと増えているのだろうと考えられる。こうした異常事態が起きているためか、食品のパッケージには「この食品に含まれるアレルギー物質」という項目ができた。誰にとっても身近なところで、食物アレルギーを未然に防ぐための取り組みが必要とされる時代なのだ。

ガンも増えている。日本では、二人に一人がガンにかかり、三人に一人がガンで死亡すると言われている。この数字には、高齢化とガン検診精度の向上も関わっていると考えられているようだが、先進国の中では日本だけがガンの死亡数が増加し続けているというのだから、高齢化やガン検診精度の向上だけでは説明がつかない。

現代人の弱点は「自己免疫力」

そして、ここ数年は、自律神経に関わる不調や病気がずいぶんと取り上げられるようになった。眠れない、イライラする、目眩がする、頭が痛い、耳なりがする、コリやしびれが続くなど、現代病とも呼べる症状にたくさんの人が苦しんでいる。

自律神経は、無意識に働く神経で、心臓や内臓などの働きを調整している。活動しているときに働く交感神経と、休息しているときに働く副交感神経の二つがあり、このドライブとアクセルの調整は自動的におこなわれている。しかし、自動調整がうまくいかずバランスが崩れることがあり、これがさまざまな現代病に関わっているというのだ。

現代の日本を、病気大国と呼ばずしてなんと呼んだらいいだろうか？　私は、何かがおかしいと考えるようになった。技術や医療の進歩で解決できることとはまったく別のことに問題が隠れているとしか考えられない。広く情報を収集し、勉強をした。そうしてわかったことが、「自己免疫力」の重要性とその著しい低下だ。

免疫とは、私たち人間が生まれながらに備える自己防衛機能だ。私たちの身のまわりには有害な細菌やウイルスがウヨウヨしているし、健康な人でも毎日のように体内では三〇〇〇～六〇〇〇個もの細胞がガン化していると言われる。それでも健康でいられるのは、免疫が悪い菌の侵入を防いだり、体内にできた悪い細胞を攻撃して体から排出したりしているからだ。ケガをしたあとに出る膿や、風邪を引いたときに出る鼻水も免疫が働いている証拠だ。「おたふく風邪は一回やったから、もうかからないよ」と言うが、これも免疫の働きによるものだ。

もし免疫力が低下してしまったら、健康は損なわれてしまう。学びたくても学べない、働きたくても働けない……こんなことになれば、人生の幸せや豊かさまでもが揺らいでしまうだろう。健康を損なうと、将来、苦難の道が待っていると言ってもおおげさではないのだ。

床暖房は「快適！」は本当か？

では、何が現代人の免疫力を弱めているのだろうか？

にわかには信じがたいかもしれないが、一部には「床暖房」が原因と言われている。

床暖房が足裏にある体温調節機能を弱めてしまうことで、良い睡眠が取れなくなったり、自律神経のバランスが崩れたりする。その結果、十分な免疫力を発揮できなくなってしまうのだ。

そもそも床暖房とは、床をあたためることで部屋全体をあたためる暖房設備だ。発熱体に電気を通し放熱する電気ヒーター式と、電気・ガス・灯油などの燃料で温水をつくり放熱する温水循環式の二種類に分類される。特に、温水循環式の床暖房が広く出回っている。

日本人は長く、こたつや囲炉裏を暖房装置としてきた。部屋全体と体の一部をあたためることより、「暖を取る」という発想を持っていたのだ。そのためか、床暖房が登場すると、すぐにあこがれの品となり、着々と普及していった。

問題は、床暖房で部屋全体をあたためようとすると、床の表面温度を四〇度近くまで上げる必要があることだ。これは人間の体温より高い温度だ。「冷えはよくないに決まっている、暖かいほうがいいに決まっている」と思うかもしれない。しかし、足裏を床暖房に直接つける生活を毎日送っていると、足裏に備わった体温調節機能は衰えてしまうのだ。

床暖房の取りつけが当たり前になった今では、普及率は、築五年以内の家であれば五〇パーセントに近く、リフォームでの取りつけも増えている。「床暖房は快適だ！」と考える人が増えているということだろう。しかしその数だけ、体温調節機能を弱めている人がいるのだ。

私も床暖房の快適さを否定はしない。「一五歳から建築現場にいた小林棟梁なら寒さなんて感じないでしょ！」なんて笑われることもあるが、寒い日に長い時間、外を歩いたあとに立ち寄った先に床暖房が入っており、ありがたいと感じたことがある。それに、初期費用は一部の部屋の工事だけで六〇万円にも一〇〇万円にもなるため、取りつけてもらうに越したことはない。

しかし私たちは、床暖房の取りつけは一切お断りしている。もし「よさそうだから」「標準装備だから」、そんな理由で床暖房を入れようと考えているなら踏みとどまって欲しい。床暖房は健康に影響を及ぼし、人生の幸せや豊かさまでも危うくしてしまうかもしれないのだから。

足裏のラジエーター機能が生命を守る

人間に備わった体温調節機能とはどんなものなのだろうか？
長い長い時間をかけて、生物は水中から陸上に生活場所を移し、進化を遂げた。しかし、温度変化を受けにくい水中から、地球の自転による温度変化が大きい陸上に移って生き抜いていくことは、生物にとって非常に過酷なことだった。その中で生き残れたのは、ほんの一部。一日の環境に合わせて体温を変動させ、それに応じて血圧、ホルモンの分泌など体の基本的な機能を変動させる仕組みをつくれた生物だけだった。

人間の祖先は進化の過程で体温を変動させることに成功したわけだが、この体温変化を可能にしているのは、実は足裏なのだ。

昔から、赤ちゃんがぐずっていて手や足があたたかいときは、眠たくてぐずっているると母親たちは知っていた。眠たくなると人は手足から熱を逃し、体の内部の温度を下げていく。人間にとって手や足は、放熱装置「ラジエーター」なのだ。こうして体の内部の温度が下がって初めて、脳と体が休息状態に向かっていく。

人は、人生の三分の一もの時間を睡眠に費やす。睡眠にはまだまだ謎が多いようだが、これほど多くの時間を費やす理由は、睡眠に、心身の疲労回復をもたらす、記憶を定着させる、そして、免疫機能を強化するといった役割があるためだ。人は、休息をせずに生きていくことはできないのだ。

では、体温より高い温度で足裏をあたため続ける環境にいたらどうなるだろうか？　一日の環境に合わせた体温の変動を起こしづらくなる。そうなれば休息に向けて放熱することができず、十分に体と脳を休ませることもできなくなる。睡眠の質が下がり、徐々に免疫機能は弱まってしまうのだ。

また、自律神経には交感神経と副交感神経があり、これら二つの神経が昼と夜で自動的に切り替わることによって、私たちの体は働くべきときに働き、休むべきときに休める。体温変化を起こしづらくなると、この切り替わりもうまくいかなくなるため、やはり免疫力は弱まっていくのだ。

特に小さい子どもは体の機能が完成していないため、床暖房の悪影響を受けやすい状態にある。床暖房のある家で暮らし、親が幼いわが子の免疫力を下げているなんて、あまりにもひどい現実だ。免疫力の低下が進めば、視点が定まらない、神経が常にイライラし、親にはむかったりする……床暖房はこうした子どもを育ててしまう恐れだってあるのだ。

では、「床表面が体温より低い温度になるように使えばいいじゃないか」と考えるかもしれない。免疫力を下げてしまうという問題は解決できるとしても、それでは部屋があたたまらず、床暖房が暖房としての役割を果たさなくなる。そうなればそれを補うためにエアコンを入れたりストーブを焚いたりしなければならず、これらの燃料代が上がる。そもそも床暖房は本当に必要なのか、という話に行き着くはずだ。

床暖房の設備としての欠点

床暖房は、設備としても問題山積だと私は考える。

まず工事費が高い、メンテナンスに費用がかかる。リビングやダイニングに入れるだけでも値段が張る。「朝起きたとき、あたたかいといいですよ」「お子さんのために快適な部屋にしましょう」などというセールスマンの言葉にのせられるまま、一階、二階……家全体に入れるとなれば、かなりの費用になる。一部のハウスメーカーでは、床暖房が標準装備になっているようだが、標準とは言葉のあやで、価格はその分上乗せされ、高くなっている。それに実際に使用しはじめれば、ランニングコストがかかることは言うまでもないだろう。

また、床暖房は人間がつくりだした機械であるため、永久に使用しつづけることは不可能だ。種類にもよるが、不凍液を交換したり、部品を取り替えたりする必要も出てくる。もし一度故障してしまえば、エアコンのように簡単な修理では済まない。床をすべて剥がすような大掛かりな工事をしなければならず、そうなれば自由な暮らしが奪われるし、莫大な費用が必要になる。耐久性は「三〇年」だと多くのメーカーが言っているが、これはくしくも家の寿命と同じ。家を建て替えて、床暖房も新しくすればいいじゃないか、とでも言うのだろうか。

自然エネルギーと無垢材を組み合わせる

「じゃあ、床がヒヤッとする生活を我慢しなければならないの?」という声が聞こえてくる。それは、無垢材が持つ絶大な断熱効果・保温効果が簡単に解決してくれる。自然素材の力を引き出せば、ストーブ一台で家全体をあたためることも、冷暖房費を抑えることもできる。もちろん体に負担をかけることは一切ない。のちほど詳しくお話しするが、私たちがつくる「自然流健康の家」でも、無垢材の効果を活かすよう工夫を凝らしている。

ある年の冬のはじめ、「床、こんなもんですか？　期待していたのに」と「自然流健康の家」に住みはじめたお客さまから電話をいただいた。「だまされた」とでも言いたげな声をしていた。

このお客さまの新居は、その年の秋に完成したものだった。私は、「しばらくは暖房を使いながら過ごしてみてください。必ず違いが出ますから」とお伝えした。

無垢材に触れるだけでも、その断熱効果・保温効果を感じることができるが、発熱効果とは異なる。その家で日々生まれる煮炊きの熱、暖房の熱、住む人の体温……無垢材はそれらを貯めていき、大きな効果を発揮するようになるのだ。

年が明け一月の半ばになって、また連絡が入った。

「確かに朝まったく冷えなくなった！　これが熱を貯めるっていうやつなんですね。快適、快適！　本当に床暖房はいらなかった。心配が吹っ飛んだし、この生活が一生続くと思うと、歳をとるのも楽しみで仕方ありませんよ」

このお客さまはきっと、春になる頃には、もっと違いに気づくはずだ。家に入るとすぐに靴下を脱いで裸足で歩きたくなるだろうし、床に寝そべって過ごしたくなるだろう。そして、翌年の冬には、違いはさらに大きくなる。天気が良い日なら、朝と夜遅くに少し暖房をつけるだけで十分にあたたかい家になるはずだ。秋口からの暖房費も大きく下がるだろう。

かつて日本では、経済発展に比例してエネルギー消費量は増えるものだとされてきた。これは、エネルギーを使うものこそが良い、エネルギーの消費量が生活レベルのバロメーターという考え方を生んだ。床暖房もこうした風潮の中で広まっていったのだろう。しかし今では、経済成長とエネルギー消費量は切り離せることがわかっている。技術に頼った室内環境づくりから離れ、自然エネルギーと無垢材がもたらす断熱効果・保温効果に目を向けてみてはどうだろうか。

真実その5　豊かな暮らしに欠かせない「三つの健康」

健体康心「丈夫な体と安らかな心」

あなたにとって豊かな暮らしとはどんなものだろうか？

私は、七五年の人生を振り返ると、ありがたいことに豊かさを噛みしめた経験がたくさんある。

最初に実感したのは七歳のとき。二年前に日本は終戦を迎えていたが、食料不足が続いていたため、父親の出生地である信州奥山の坂城町に疎開することになった。友だちと離れ離れになるのは寂しかったが、坂城町には自然があふれており、私はすぐにそこが大好きになった。大峰山などの山々に囲まれ、遠くを望めば北アルプスの雄大な峰、日によっては富士山も見える。アユやヤマメが生息する美しい千曲川が流れている。炭焼き、薪拾い、山菜取り、魚獲りなど山川の鼓動を間近で感じられる毎日を送ることができた。それに、当時「おいしい！」と感じながらお腹いっぱい食べられる生活は、とても恵まれていたと思う。

一六歳で銘木店に弟子入りしてからは、技術を覚えたい一心で仕事に打ち込んだ。カンナが小気味よい音を出しながら材木の上を滑ると、そこからするすると薄いカンナくずが出る。ノミ一本で完璧なホゾ穴が開く。それはそれは惚れ惚れする職人技で、私はどんどん夢中になった。好きな仕事に出合えて、たくさんのお客さまに恵まれて稼業にできたことが、私の人生を満ち足りたものにしてくれた。

孫ができてからは、これまでには感じたことのない幸せを得た。それまでカメラを使うのは、家づくりに関わることばかりだったが、今では家庭でも必需品だ。成長を見守れることはこれほど嬉しいものなのだと毎日実感している。

一口に豊かさと言っても、物がもたらす豊かさがあるし、心で感じられる豊かさもある。楽しみや喜び、安心、そして自信や信頼など、さまざまな感情から得られる。そのため、人それぞれ豊かさを感じる出来事は異なるだろう。ただ、どんな豊かな暮らしにも欠かせないものがひとつだけある。

それは「健康」だ。

私が、疎開先で毎日のごはんを「おいしい!」と思えたのは、戦争を乗り越え、どうにか健康な体でいられたからだ。半世紀を超えて仕事に邁進できているのも、健康でいられたからだ。もし健康を損なっていたら今の私はないし、今、健康を害してしまったら、孫の顔を見ることもできなくなってしまうかもしれない。考えただけで、やりきれない気持ちになる。

私たちは、ちょっと熱っぽいだけで、「あれが悪かったな。今度は気をつけよう」と思う。しかし元気になった途端、健康のありがたさを忘れてしまうものだ。同時に、健康でなければ何も叶えることができないことも忘れてしまう。健康だからこそ、好きなものを食べる、買う、働く、大切な人と一緒に過ごす……やりたいことができるのだ。

健康は豊かさの器、健康なくして豊かな暮らしはできない。このことを改めて考えるべきではないだろうか。

家は健康の器

人間が生活をしていくために必要な要素を「衣食住」と言う。食べて栄養を取ること、衣服をまとい体温を保ったり、外部から身を守ったりすること、雨風をしのげる場所で休むこと。どれが欠けても私たちの生活は立ち行かなくなってしまう。「衣食住」は私たちの健康を守る要素でもあると言える。しかし、「住」への関心は、衣や食に比べると低いように感じる。

シックハウスや床暖房の害の発見はこれを象徴している。衣にも食にも問題のない人に原因不明の症状が現れ、治療をおこなっても回復が見られない。そこで最終的に疑われたのが「住」だった。住む人は家に健康が左右されるとは思っていなかったし、医療の世界でも家が健康を害するとは思ってもみなかったのだ。

近代工法の家が引き起こす熱中症

今、家が引き起こす体調不良や病気が、どんどん明らかになっている。

ここ数年、夏になると、「お年寄りが部屋の中で熱中症で亡くなった」という悲しいニュースを必ず耳にする。熱中症の発生は屋外が多いと思われがちだが、実は家の中でも多く発症している。厚生労働省の統計によると、室内で発症した患者は全体の四七パーセントにもなるそうだ。高齢者に限って言えば、九〇パーセントが家の中で発症したというデータもある。

普段、私たちの体は、体温を自然にコントロールしている。万が一、体温が上がってしまっても、汗をかくとその汗が蒸発するときに熱を奪っていくため、体温を一定の幅で保てるのだ。また、体温よりも気温が低ければ、皮膚から空気中へ熱が移りやすいため、体温が上がるのを抑えることができる。しかし、「気温が高い・湿度が高い・風が弱い」環境にいると、人は一気に大量に汗をかくため、体内の水分と塩分のバランスを崩してしまう。すると今度は汗をかけなくなり、体内の熱をうまく外に出せなくなってしまい、体の中に熱がこもってしまう。こうして熱中症が起きる。特に高齢になると、体温をコントロールする基本的な機能が弱まったり、体の変化を自分自身で感じ取りづらくなったりするため、なおさら発症しやすくなってしまう。症状は、軽度であれば、のどの渇き、皮膚の紅潮、疲労感。ひどくなると、言語障害、呼吸困難、けいれんなども起きる。最悪の場合、命を落としてしまう。

熱中症の背景にあるのは、地球温暖化やヒートアイランド現象だと考えられてきた。そのため、炎天下で働く人たちや部活動をする小中高校生への注意喚起は早くから始まった。しかし、家の建築資材、構造が昔と変わったために、家の中の気温が高い、湿度が高い、風が弱い環境になっていることは見落とされ、室内でも起き得るという注意喚起はなかなか進まなかった。これが「熱中症患者の四七パーセントが室内で発症」という数字を出してしまったのだろう。ここ数年になってやっと、家の中も危険なことや対策が必要であることが周知されてきたように思う。

一方で、夕方から明け方に起きる「夜間熱中症」が新たな問題になっている。熱中症で死亡した人の三〇パーセントは夜間に亡くなっているという統計がある。原因は、寝汗、睡眠中で水分補給ができないことのほか、家の構造も関係すると指摘されている。

鉄筋コンクリート造の中では、床、天井、壁四面、六面すべてをコンクリートでつくる構造が主流になっている。家の側面がコンクリートの場合、外気温が高い時間帯に家の中に熱が伝ってくるわけではない。熱は時間をかけてコンクリートの壁の内側を進むため、五、六時間後に家の中に届く。予想もしない時間差で放射熱が発生するため、夜間の室内は熱くなってしまうのだ。しかし、夜は昼間より過ごしやすいだろうとエアコンをつけないことがあるし、防犯のために窓を閉めてしまうものだ。こうして家の中の「気温が高い・湿度が高い・風が弱い」環境になり、夜間熱中症が起きる。

住まいは夏を旨とすべし――『徒然草』で吉田兼好が残した言葉だ。暑くてムシムシする夏をどうにかしようと、日本では伝統的に、湿気を嫌って床を上げ、深い軒や庇、縁側をつくり、その奥に部屋をつくってきた。先人は知恵をしぼって風土に根差した家づくりをしてきたのに、近代工法の家を求めてしまったがゆえに起きた問題だろう。

室内の温度差は命取り

家の中に生じる温度差も深刻な健康問題につながる。

各部屋の激しい温度差は直接的にヒートショックを誘発する。特に寒い時期の入浴時にヒートショックの危険が潜んでいる。多くの家庭では、リビングなどの居室では暖房を入れるが、廊下、トイレ、浴室、洗面室などには入れないし、設備自体がないことも多い。入浴するためには、あたたかい部屋から寒い脱衣所に移動し、服を脱ぐことになる。寒い時期は居室と脱衣所の温度差は二〇度近くにもなることがあり、服を脱ぐと体表面積全体の温度が一〇～一五度も下がる。急に寒くなるため、血管は収縮し、血圧が上昇する。さらにこのあと熱い湯船につかると、今度は一気にあたたまるため、血管は広がり、血圧が下がる。急激に上下する血圧の変化は心臓に負担をかけてしまうため、ショック状態になってしまうのだ。すると、失神したり意識がもうろうとしておぼれたり、心筋梗塞や不整脈、脳梗塞などを引き起こし、心肺停止にもつながってしまうのだ。

入浴中に突然亡くなる人は年間一万七〇〇〇人と推計されている。そのうち一万四〇〇〇人もの人がヒートショックにより脳梗塞や心筋梗塞を発症し亡くなったとみられている。これは交通事故の死者の三倍もの数だ。異常な数字であることがわかるだろう。ただ、ヒートショックにより引き起こされたとしても、死亡診断書では「溺死」や「病死」になってしまうため、正確な統計は取れていないそうだ。しかし、現場を見ている消防庁が調査結果から推計し、注意喚起をしている。

住む人の健康を脅かすさまざまな問題が家にあることが明らかになっている今、いくら食事に気をつけても、いくら運動を心がけても、家選びを間違ってしまったら、健康を保つことはできない。もちろん、豊かな毎日を送ることもできなくなってしまう。毎日の生活の場である家こそが、健康の器だと考えなければいけない。

財産にできる家

「恒産なければよりて恒心なし」、これは古代中国の儒学者・孟子の言葉だ。

恒産、恒心の「恒」の字は、恒星の恒と同じだ。常に変わらない状態を意味する。よって、「一定した生活を送れるだけの資産がなければ、落ち着いた気持ちではいられない」という意味だと考えられる。これは生活の基盤がしっかりしていなければ、将来を見据えた考えは持てないし、心の健康も保てないと解釈できる。

経済的な不安を抱えずに暮らせることも、人生において大切なことだ。家計に不安があると、仕事をするにも、収入を得ることだけが目的になってしまい息苦しさがつきまとうだろうし、過労にもつながりかねない。夫婦がお金の話でケンカばかりしていたら信頼や関係が崩れてしまうし、それを見ている子どもも心の健康を失う。家族の誰もが、豊かな毎日、豊かな人生を送れなくなってしまうのだ。家をつくるときには、豊かな人生の器となる家、子どもに、孫に、そして国家的にも、財産としてしっかり受け継げる家という視点も忘れてはいけない。

以前、長く海外赴任をしていた方が、私たちの「自然流健康の家」を注文して建ててくれた。そのとき、イギリスと日本では家についての感覚に大きなギャップがあるという話をしてくれた。

「うちなんてまだまだ新築同然だよ」と話すイギリス人の友人の家を訪ねることになり、どんな家なのか楽しみにして行ってみると、ゆうに築一〇〇年以上は経っている立派な石造りの家だったそうだ。不動産屋に「比較的新しい物件がある」と言われて案内されたのは、築一八〇年の家だったという。古いものや伝統を大切にするイギリスでは、家は持ったときが始まりで、理想の家は時間をかけてつくり上げるものだと考えるようだ。家が一〇〇年持つというのは当たり前のことで、二〇〇年から三〇〇年経って、ようやく「古い家」と呼ばれるそうだ。

日本で暮らしている人は、「新築同然」と聞くと、どのくらいの築年数を想像するだろうか？　築四、五年といった感覚だろう。一〇年経っていたら、ちょっと古い家と感じるかもしれない。不動産屋が比較的新しい物件だと言って築一八〇年の家を仲介したら、冗談かと思うかもしれない。家についての一〇〇年単位の時間は、現代の日本人にとっては皆無と言っていいだろう。

それもそのはずだ。化学建材でつくられている家の寿命は、わずか三〇年から四〇年。家を建てるには数千万円というお金が必要だ。長い期間、一生懸命に働いてようやく得られる額だ。そんな大切なお金で建てた家が、人の寿命より短命なのだ。子どもの代にすら受け継ぐことはできない。受け継いだとしても、水回りの床はブカブカ、クロスにはカビ、見えない部分は腐食が進み、シロアリの住処にもなっている……。子どもとしても、お世辞にも「ありがとう」とは受け取れず、「お荷物を引き継いでしまった。やっぱり建て替えか？　リフォームか？　はて、その資金はどうする？　人生設計まで練り直さなければならない……」、そんな不安に襲われるかもしれない。

また、家を処分することも簡単ではない。解体費用がかかる。現在の解体費用の相場は坪三万円くらいだ。三〇坪程度の家なら、解体だけで一〇〇万から一二〇万かかるということだ。この解体費用は、リサイクルの問題もあり、二〇年前の三倍に跳ね上がっており、今後さらに上がると予想される。

寿命を迎えた今の家は「ゴミの塊」と呼ばざるを得ないようなものだ。化学建材は土に還らない。燃やしても埋め立てても有害物質を発生し、大気や土壌、水源を汚染する。そのため、環境を守るための分別やリサイクルが欠かせないが、解体時にはこれらの手間がコストになる。今後、環境についての目はさらに厳しくなっていくはずだ。解体費用の高騰は避けられないだろう。家の寿命の短さは、今後ますます経済的な重荷になっていくはずである。

これから建てようとしている家は、孫の代まで生活の基盤になるだろうか？　三代持つから三分の一とはいかないが、住まいの不安を抱えることなく、それぞれが夢や目標に向かっていくためには、長持ちする家が果たす役割は大きいのだ。

脳はだまされやすい

住まいは、「心の健康」「体の健康」「家計の健康」といった豊かな暮らしに欠かせない「三つの健康」の度合いを大きく左右する。家をどれだけ大切に考えるかで、人生が変わる。それでも、売り手の都合で建てられた家を、素直に受け入れてしまう建て主もたくさんいる。なぜだろうか?

ひとつは、日本人が我慢、謙虚を美徳としているからだろう。日本人は、常に謙虚な姿勢で、誰に対しても尊敬の念を抱く。遠慮もなしにずけずけとものを言うようなことはしない。そのため、ハウスメーカーの営業マンの言動に多少思うことがあったとしても我慢し、与えられたものを受け入れてしまうのかもしれない。

そしてもうひとつ、脳はだまされやすいことも関わっていると思う。

一枚の絵が、若い女性にも老いた女性の横顔にも見える、だまし絵がある。一度は目にしたことがあるだろう。この絵のおもしろいところは、いったん老いた女性に見えてしまうと、どうやっても老いた女性にしか見えなくなることだ。若い女性に見えた場合には、老いた女性は見えなくなる。なぜこんなことが起きるのかといったら、脳は経験したことなどを記憶し、脳内のネットワークを強化していき、人はその情報に基づいてものを見るようになってしまうからだ。

例えばケーキ屋さんで、「人気ナンバー1」という札のついた、果物がふんだんに盛りつけられた豪華なケーキが売られていたとしよう。それを見たら、ほとんどの人が「これにしよう！」と思うだろう。これは、経験から、「果物はおいしい」「人気ナンバー1は、みんなが買っている、みんなに支持されているもの」という脳のネットワークができあがってしまっているためだ。自分でそのケーキを食べた人に感想を聞いたり、調べたりしたわけでもないのに、過去の経験に引きずられ、良いものと判断してしまうのだ。

住宅展示場に行くと、夢のような家が並んでいる。バスルームやトイレは最新型の設備。リビングにはハイセンスなソファや観葉植物。キッチンにはスタイリッシュな調理用具。子ども部屋にはカラフルなおもちゃがあふれる。照明ひとつとってもおしゃれだ。脳はこうした、きれいなもの、美しいもの、高級なものに簡単にだまされてしまう。

自分たちがつくっている家に本当に自信があれば、装うためのインテリアなどに頼らない。見学用のモデルハウスではなく、実際に建てている家を見せてくれたり、住み手の声を直接聞けるようにセミナーや見学会を設けたりしているはずだ。

人間の脳は簡単にだまされるが、細胞は絶対にだまされることはない。間違った家選びをする前に、あなたと家族の豊かな暮らしを守るには何が必要なのか、どんな判断基準を持つべきか考えてみて欲しい。自分の五感や感性を大切にして、そこからすべての物や事を考えたり見たりすることをおすすめしたい。

二一世紀の豊かさ

大量消費をする時代、物の豊かさを求める時代が終わり、心の豊かさを求める人が増えていると言われている。いくつかの調査結果を見てみると、多くの人が「幸せを実感できること」「家族との絆」「心身の健康」「時間的なゆとり」といったことを豊かさだと捉えており、心の満足度に重点を置いていることがわかる。

しかし、日々お客さまと触れ合っていると、心の豊かさが新たな方向に進みはじめているように感じる。

家づくりにおいて求められているのは、環境、健康、安全、さらに長寿命で自然にやさしいことだ。人が暮らす環境は、家という建物だけで成り立つわけではない。周囲の環境、支える土壌、流れてくる風、差し込む光、食べるもの、飲料水、そして空気……挙げればきりがないほどのもので成り立っている。人は自然環境や地球環境との関わりを断ち切って生きていくことはできない。このように気づいた人たちが、家をつくるとき、自然環境を破壊したり、地球にゴミを撒き散らしたりするようなことはしたくないと考え、私たちに相談にいらっしゃるのだろうと考えている。

日々の暮らしの中で、環境を大切にしようとすると、我慢を強いられることもあるため、豊かさとは反することもあると考えられる。しかし、そうは感じていないのだ。豊かさは、「個人個人が心の満足度を高める」ことから、「自然環境や地球環境に寄り添うことで、個人の豊かさを達成する」ことへ変化しているのだ。経済発展や科学技術の進歩の中で失ったもの、忘れ去ったものがあるのでは？　と考えざるを得ない二一世紀ならではの豊かさの尺度と言えるのではないか。

本能が求めるイヤシロチ

環境を思いやるという新たな心の豊かさが生まれたことは、人が本能的に「イヤシロチ」に建つ家を取り戻そうとしているのだとも考えられる。昔から土地には気分のいい場所、なんとなく気分のすぐれない場所があり、気分のいい土地のことを「イヤシロチ（弥盛地）」、悪い土地を「ケガレチ（気枯地）」と呼んできた。イヤシロチは水や空気、土の中の細菌に至るまで生きる物たちがお互いに関係し合いながら成り立つ、いわば生命力に満ちた土地だ。神社仏閣はイヤシロチを選んで建てられてきた。そのため、そこへ行くと厳かであったり、清々しい気分になったりするのだ。

イヤシロチに家を建てれば、心身が穏やかに、健

康になり、家族の繁栄など良いことが起きると言われてきた。もともと地球はすべての土地がイヤシロチだったが、文明が発達する中で農地では農薬や化学肥料、除草剤などを使い、空気や水が汚れていってしまったことは言うに及ばない。イヤシロチは一部の山の中にしか残っていないのだ。

しかし私たちは、環境を思いやることで、自分の手でイヤシロチを取り戻したい、そこで生きたいと思っているのではないか。イヤシロチの背後にそびえる山から原木が伐りだされ、大工の手作業で加工され、やがてどっしりとした家に組み上がって、大地に腰を据える。これが一番自然な家づくりだと見直されているのだろう。

住む人の健康を守り、病気の原因も排除できる家
住む人の幸せを育て、豊かさを深める家
修繕も建て替えも心配なく、孫の代まで三代暮らせる家

これらの条件を妥協する必要はないし、あきらめることはない。健康という判断基準を持てば、体も心も豊かな生活を手に入れることができる。そして、それを可

能にするのは、自然と調和した長寿命の家ではないだろうか。

真実その6　日本の家づくりには木が向いている

自然の不思議な力

「僕が小学生の頃、友達の家に遊びに行くと、どの家も化学建材で建てられた家だった。中学生になった今、改めて思い返して見ても、木で建てられた家に行った記憶はない。僕も、化学建材の家が普通の家だと思っていた。だから、『木の家を建てるんだよ』と親に言われた時、『なんでそんなもんで建てるんだ』と疑問を感じた。そう思ったのは僕だけじゃなかった。友達に、木で家を建てる話をすると『なんでわざわざ昔みたいな建て方をするの？』と返されたこと覚えている。

でも、今こうして木の家の中で寝転んでいると、『これが本来人間の住むべき家だ』と感じてくるから不思議だ。

　木の家がつくる冬の暖かさ、夏の涼しさはクーラーや化学建材ではつくることができないものだ。どんなに似せても何かが違う。それは木の生み出す暖かさ、涼しさが人間に最も適しているからだと思う。遠い昔から自然とともに暮らしてきた人間は、それ以外の人工物とはあまりうまく暮らせないんだろう。無機質な化学建材にはない木の暖かみが、僕はとても好きである」（ＫＳさま一四歳の作文より）

　これは私たちがつくった「自然流健康の家」に住んでいる中学生のお子さんが書いた作文である。自然素材に囲まれて暮らす中で直感したことをまっすぐな言葉で表現したこの作文を読んだとき、

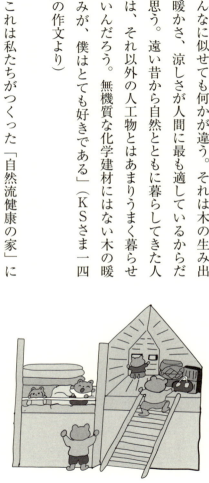

自然と住む人がしっかりと通じ合っているなと感じ、とても嬉しかったことを覚えている。このほかにも、これまでたくさんのお客さまから感想をいただいてきた。みなさんが家から感じ取ったことを伺うたび、「人は自然から力を授かっている」「自然と人とはつながっている」、こんな気持ちになる。

木に惹きつけられる人々

振り返ってみると、工事の段階から、自然素材は人の深い部分に届く特別な力を備えているのだと感じることが多々あった。

家の工事が始まると、施主のほとんどが、現場に工事の進み具合を見に来る。出勤前や帰宅途中に立ち寄る方がいれば、週末、家族みんなで来る方もいる。現場に気を遣う方が多く、ちょっと離れた場所から進み具合を観察したり、写真に収めたりしていく。図面を描いた段階では思いつかなかった要望が見つかり、それを伝えてくれることもある。ここまではほかの建築現場でも見られる光景だ。

しかし、私たちの現場では、みなさんが木に会いに来ているのだと感じさせる光景をよく目にする。

「森林浴って、日常から離れることで得られる解放感みたいなものかなって思っていたんです。でも違いますね、木から出るパワーなんだ」と言い、感心した様子で材木に鼻を近づけたり、「まだ木を組み上げただけで、壁もないのに、なんであたたかい雰囲気があるんだろう」「私が生まれるずっと前からこの木は生まれていたんですよね」と、材木に手を添え、感慨にふけるような表情を見せたり。「建ててしまったあとでは決して見ることができない柱だから『どうぞこれからよろしく』と材木に言葉をかけたくて」と多忙なスケジュールの合間を縫ってやってきた方もいた。

現場の近くに住む方は「本当に、いい香り。住む方がうらやましいわ」「外に出るたびに、この

木の香りを胸いっぱいに吸い込みたくなるの」と言って、たびたび足を止めていった。化学建材で家をつくっている頃は、現場に面した窓を閉め切ってしまう近所の方もいたくらいだったので、これには驚いた。

また、建築現場には常に緊張感があるが、無垢材を扱うようになって以来、私たち職人は、体調を崩すことはないし、気持ちに余裕を持って仕事に当たれるようになった。以前、建築会社に勤めているお客さまから、「いつ現場を見ても実にきれいだ。資材はいつもきちんと置かれているし、残材も整理整頓されていて感心します。昔から『整理整頓された現場では事故が起きない』と言いますが、まさに手本のような現場ですね」とお褒めの言葉をいただいたこともある。

人は木を見ると、心が安らぐと言う。山に登ると体力は奪われるのに、なぜか気分は晴れ晴れする。これと似ていることが起きていたのかもしれない。

日本人は大昔から木を好んできた

人が自然と木に惹き寄せられることは、今に始まったことではない。

日本の建築の特徴は、木造であることだ。歴史ある神社仏閣のほとんどは木造だし、海外の仏像は鋳像、塑像、石像などであることに対し、日本では仏像も主に木を材料につくってきた。竪穴式住居から近代の家まで、住居も一貫して木でつくってきた。

この理由のひとつは、日本の高温多湿な気候にあるだろう。極端な暑さや寒さはないものの、梅雨があり、夏は気温も湿度も高くなる。身近に豊富にあった木で家をつくってみると、温度調節、湿度調節の両方に優れていることがわかり、木造建築が発展していったと考えられる。またその中で、学校教育が十分でない時代から、檜は神社仏閣、杉は民家、ヒバは桶や樽、槇は棺桶になど、さまざまな木材を使い分けるだけの知識や技術を身につけていったことには驚かされる。

外国を見ても、人は身近に豊富にあった材料、気候に合った材料で家を建てている。地中海のあたりでは石造りの家が多いが、これは大理石が産出されたためだ。それに、強い太陽の日差しからの熱を家の中に入れないためにも石造りは適していたのだ。同じヨーロッパでも、ドイツやノルウェーは森林が多いため、木の家が多く存在する。

ただ、日本で石造りがおこなわれなかったわけではない。日本には大きな古墳がある。実際に目の前に立って見てみると、その桁違いの大きさには驚かされる。どのようにして運んだのだろう？　どうやって積み上げたのだろう？　と頭の中を疑問がかけ巡るほどだ。古墳や城郭の存在は、早い時代から石材は十分にあり、加工や組石の技術もあったことを物語っている。しかし、その後の時代には、目立った石造りはつくられない。日本は島国であるため、外から敵が攻め入るという脅威が少なかったため、巨大な建築を必要としなかったのかもしれない。しかし、いくつもの歴史的な神社仏閣には、戦乱の火事で焼失し再建したという記録が残っていることから考えると、神社仏閣は政治権力を誇るものでもあるので、戦乱に強い石で建て直すという選択肢もあったはずだ。しかし日本人は、大昔からずっと、当然のように木を選んできたのだ。

さまざまな技術や商品があふれる現代になっても、「家を建てるなら、木の家がいい」という声はよく耳にするが、「家を建てるなら、鉄の家がいい」という声を耳にしたことはない。クスリ漬けの化学建材であっても、木に見えることで多くの人が抵抗なく受け入れてしまったようにも思える。木材が日本の気候に適していたことに加えて、日本人は木に対して、理屈を超えた何かしらの強い思いを持っているのだろう。

木も人も自然の一部

日本には四季がある。四季は人に季節ごとの恵みを与えてくれる。それは命をつなぐための食べ物であり、心を奪うほどの景色でもある。しかし、不作や自然災害に苦しまなければならないこともある。こうした経験から、私たち日本人は「八百万《やおよろず》の神」という考え方を受け入れるようになった。八百万の神とは、森羅万象の神々のことだ。森の神様、山の神様、海の神様など、この世のあらゆるものに神様が宿っていると私たちは考える。自然を豊饒の神として、時に荒れ狂う畏怖の存在として祀り、信仰の対象としてきた。神社仏閣を木造にしてきたことも、仏像を木でつくったことも、八百万の神の存在が納得させてくれる。

八百万の神々を信仰の対象としていくうちに、日本人の中に、ある感情が生まれた。それは、自然は人知を超えたものであるということだ。言い換えれば、その中で生かされているという感謝の気持ちと、自分たちは自然の循環の一部であり、いつかは自然に還るという感覚だ。自然とのつながりを強く求めるようになったとき、自分たちを守る場である家を木でつくることを好むようになっていったのだろう。

真実その7　自然素材があふれた家で恩恵を享受する

人間と相性の良い建築資材

人間も自然の一部であり、自然の中に生かされていると気づくと、無垢材ほど人間と相性の良い建築資材はないことにも気づく。「自然流健康の家」に住む方にお話を伺ってみると、

「家に入ると体の緊張がふわっとほどけていく」

「お父さんとお母さんがケンカしなくなった」

「訪ねてきた親戚や友人が、なぜか長居してい
く」
といった感想をいただく。無垢材や自然素材があふれる家は、私たちに不思議な恩恵を与えてくれるのだ。ただ、こうした恩恵はなんとなく得られるものではなく、実はちゃんと根拠がある。

心身のストレスを緩和する森林浴効果

森の中や自然がたくさんある場所を歩いていると、「なんだか気分が晴れる」「空気がおいしく感じられる」と、誰もが一度くらいは経験したことがあるだろう。これは「森林浴」の効果だと考えられる。自然の健康法として森林浴を楽しんでいる人も多いようだ。

森林浴の効果は、科学的に証明されている。

一九三〇年頃、ロシアのトーキン博士によって樹木からフィトンチッドという物質が発散されていることが明らかにされた。これはロシア語で「フィトン」＝「植物」、「チッド」＝「他の生物を殺す能力を有する」という意味。自由に動き回ることのできない植物は、自分で身を守らなければならない。そのため、害虫などを寄せつけないために、傷ついたときでも病原菌に感染しないように、フィトンチッドをつくりだし、発散している。また、森の中には動物の死骸や排泄物などがあるため、これらの臭いを感じてもおかしくない。それなのに空気が澄んでいるように感じるのは、フィトンチッドが空気を浄化する作用を持つためだと考えられている。

フィトンチッドは「有害な生物を殺す能力を有する」物質ではあるが、人間にとっては有益なことがわかっている。緊張・疲労などのストレス状態の改善、心身のエネルギーの回復、そして自律神経系の改善などにも効果的に作用すると言われている。自然の産物なので、副作用などは一切なく、穏やかな効き目を持つ。

さらに近年では、唾液の中のコルチゾールというホルモンが、都市部に比べ森林にいるときのほうが濃度が低くなるということもわかったそうだ。コルチゾールは

「ストレスホルモン」とも呼ばれており、ストレスを感じる状況で多く分泌されるホルモンだ。長期的にコルチゾールが高い状態が続くと、脳がダメージを受け、うつ病などの精神疾患が発症しやすくなるとも考えられている。

フィトンチッドを発散するのは樹木だけではない。木材になってもなお効果は持続する。そのため、本物の木、つまり無垢材でできた家で暮らすことは、日々、森林浴をしているようなものなのだ。家に入って目を閉じて深呼吸をする。すると穏やかな木の香りが全身を包んでくれる……。大小にかかわらず心身のストレスを抱える現代人にとって、大きな恩恵と言える。

程よい木視率が安らぎを高める

木視率《もくしりつ》という建築用語がある。字の通り、室内で木の見える割合のことだ。ある場所に立ち、あたりを見たとき、視界に入ってくるもののうち、どのくらいを木肌が占めるかを表す。この木視率が高い家ほど良いというわけではないが、四〇～五〇パーセントくらいが安らぎ感が非常に高まると言われている。一般的な家の木視率は二〇パーセント程度なので、倍くらいの木肌があると安らげるということだ。

特別養護老人ホームでおこなわれた調査では、木材を多く使用している施設と使用の少ない施設を比べると、木材を多く使用している施設でのインフルエンザ罹患者、転んで骨折をした入居者、不眠を訴える入居者が少ないという結果が得られたという。木肌が見えたほうが、人は生理面や心理面に良い影響を受けるということを裏づけていると言える。

また、こうしたことが明らかになる中で、木造の校舎で学んだ世代の人たちからは、「今の子どもたちがキレるのは、鉄筋コンクリートの中で勉強していることも理由ではないか」という声が上がっているという。ただでさえ難しい年頃のため、木視率を高めストレスを減らすことは確かに有効だと思える。

木視率の効果は、無垢材の性質からも裏づけることができる。

日当たりのよい部屋はとても気持ちがよいものだ。しかし、まぶしさで目が疲れてしまい居心地が悪いと感じたことはないだろうか？　これは、太陽光線の中に有害な紫外線が含まれているためだ。しかし、木視率の高い部屋では、無垢材が有害な紫外線を十分に吸収してくれるため、嫌なまぶしさを感じない。さらに、無垢材の表面には肉眼では見えない小さな凸凹がある。これによって光が拡散されるため、光は程よい光沢となって目に映る。木視率の高い部屋は、目にやさしい光にあふれているため、安らぎや居心地が高まるのだ。

そして、無垢材の木目は意匠として美しさを感じさせるとともに、「1／ｆゆらぎ」効果があることもわかっている。1／ｆゆらぎとは、小川のせせらぎや炎のゆらめきなど規則性と不規則性が調和した状態を指す。人の心拍も1／ｆゆらぎを持つため、私たちに心地よく響くと考えられている。

木目は単純に言えば縞模様だが、よくよく見ると、間隔が微妙に変化していることに気づく。これが1／ｆゆらぎに相当する。もっとも、私たちよりずっと長い年月を生きてきた生命の記録でもあるため、人は無意識のうちに心を癒されるのかもしれない。

第二章

親子孫三代受け継げる、予防医学を実践する家を建てるための15の道しるべ

道しるべ
その1

自然をあるがまま受け入れる

自然《じねん》への思い

私たちが提案するのは「自然流健康の家」だ。

「しぜん？　木を使った家ね」

文字を見る限り、こんなイメージが湧くのではないだろうか？

確かに、自然素材にこだわって家づくりをしている。しかし、無垢の木であれば、自然の素材であればどれでも同じというわけではない。これは本物を扱うときに一番難しいことなのだ。木ありきの家づくりではないし、時代の流れを追ったり、単に差別化を図ったりするために「自然」を掲げているわけではない。真剣に「じねん」を考えた末、木を大切にした家づくりに行き着いたということをみなさんにぜひ知っていただきたい。

「自然《じねん》」の語源は、釈迦の教えにまでさかのぼる。「自然」は「自＝おのずから」「然＝しかるべく」と解せ、仏教では「あるがままの姿」という意味を持っていた。今日、私たちが「自然」と言う場合、山川草木や雨や風など、人間を取り巻く外的な環境のことを指し、人工や人為の対義語として使う。しかし、もともとこうした意味はなかった。もちろん当時、人間に自分たちが山川草木と対峙する存在、それらは制圧できるものという意識もなかっただろう。

人間の「あるがままの姿」とは一体どんな状態だろうか？　人間には健康になろうとする力、「自然治癒力」や「免疫力」が生まれながらに備わっている。つまり、体も心も健康な状態こそがあるがままの姿なのだ。そして、一生元気に、幸せに、人生をまっとうし、次の世代に命をつないでいくことが人間の営みだと私は考える。では、人がこのように生きていくために家はどうあるべきか、と考えたとき、「自《し》然《ぜん》」という言葉が浮かんだ。

自然素材の代表である無垢材はシックハウスの原因となり得る化学物質を含んでいない。化学建材を排除することは、シックハウス症候群を起こさないだけでなく、住む人の風邪や喘息など呼吸器系の病気を防ぐことにもつながる。そして、自然素材の多くは、温度、湿度を調整する性質を持つ。家の中を季節に応じた快適な空間に導いてくれるとともに、体に負担を与えるような温度差を少なくしてくれる。また、役目を終えた自然素材は、ゴミにならずに自然に還るため、私たちが住む環境を汚さない。

自然素材がつくりだすのは「住むだけで健康になれる家」「住まう人の命を守り、命をつなぐ家」。自然素材が人をあるべき姿に導いてくれる、まさに「いのちの器」である。

予防医学を実践する家

私が考える健康とは、ただ病気をしないということではない。体も心も活力にあふれ、自分が望む豊かな生活を実現できるレベルの健康だ。

現在、世界の医療の主流は、西洋医療だ。西洋医療の特徴は、主に対処療法をおこなうこと。病気自体を治すことを目的にしているわけではなく、症状を抑えたり、軽くしたり、やわらげたりすることを目的にしている。

例えば、風邪を引いて三八度の熱が出たとする。健康な人の体温は三六・五度くらいなので、対処療法ではこの数値に合うように薬で熱を下げる。熱が下がれば当座はとても楽になるだろう。ただ、体は、ウイルスを退治しようと一生懸命に体温を上げていた。楽になったように思えても、実際にはウイルスを退治する働きの邪魔をし、病気を完治することを遅らせてしまっている。それに、対処療法では、病気になった原因がわからないので、うまく予防につなげることができない。

対処療法にはこうした問題があることから、「予防医学」が注目されるようになった。予防医学は、病気を未然に防ぐという考え方を大切にし

ている。そのため、「人の体に悪い影響を及ぼす環境や異物を遠ざけ、体に良い生活を送る」ことを第一とする。

また近年、「健康寿命」という考え方が大切にされている。健康寿命とは、身体上の問題がなく日常生活を普通に送れる期間のことだ。厚生労働省の発表によると、二〇一三年の日本の健康寿命は、男性が七一・一九歳、女性が七四・二一歳。二〇一〇年と比べ、男性は〇・七八歳、女子は〇・五九歳伸びている。ただ、健康寿命と平均寿命の差は、男性で九・〇二年、女性で一二・四〇年もある。この期間は介護など人の手助けが必要となる可能性が高いということだ。いくら平均寿命が伸びても、晩年寝たきりになってしまっては、自分が望む豊かな生活を実現することはできない。健康寿命が長いほうが豊かさや幸せを感じられることは言うまでもない。

私は家のつくり手として、人間のあるがままの姿を守っていくために、家づくりを予防医学の観点から見直さなければいけないと考える。それは、「人の体に悪い影響を及ぼす異物を遠ざけ、体に良い生活を送るため」であり、「体も心も活力にあふれ、自分が望む豊かな生活を実現するいのちの器」としての家だ。こうした信念のもとでつくられる「自然流健康の家」はどなたにとっても「住み甲斐」のある家になるはずだ。

道しるべ その2 一〇〇年品質の家

親子孫三代受け継げる家

家は、家族の安全を守り、家族みんなが安心して暮らせる場所でなければならない。三世代住居を実現するためには、子どもが大きくなり、そのまた子どもが大きくなるくらいの年数に耐えうる、長持ちする家であることは最も基本的な条件だ。私たちは「一〇〇年品質」の家づくりに取り組んでいる。

新建材と呼ばれる化学建材を使う家づくりは、安く、早く、小ぎれいに仕上がる。けれど小ぎれいなのは完成時だけ。できあがったときから劣化が始まる。家の寿命は世界の平均の半分以下しかない。また、化学建材は自然に還らないため、家は最終的に大量のゴミとなるし、汚染物質を吐き出す。自然環境、地球環境にも影響を及ぼすのだ。自分が建てた家が、わが身を、愛する家族を、自然環境を、地球を苦しめてしまうことを一体誰が望むだろうか。少し考えただけでも恐ろしいことだ。

「自然流健康の家」は、完成したら隠れてしまう箇所にも、化学建材は一切使わない。構造材から仕上げ材まで木材はすべて無垢材を使用する。壁紙や畳、断熱材にいたるまで、自然素材を取り入れる。だから一〇〇年品質なのだ。さらに、工法や素材の組み合わせで自然素材が持つ最大限の力を引き出すため、調湿効果、保温効果、防音効果などを家自体が機能として備える。機械や設備の力を借りた住まいではないため、住んでから長い時間、電気代がかからず、音を出すこともなく、大きな改装工事を必要とすることもない。

先人の知恵と伝統技術を活かし、志をともにするさまざまな分野の生産者や企業の力をひとつにすることで、親子孫三代受け継ぐことができる家をつくっている。

家族の変化を受け止める

家を親子孫三代受け継いでいくためには、世代を超える変化に応えられる家でなければならない。人は、生まれて成長し、当然、誰もが老いて自然に還っていく。この営みの中で、自分や家族の今の姿だけでなく、三〇年後、五〇年後の姿を想像し、住み甲斐のある家であるべきだ。

その取り組みのひとつは、新築時からバリアフリーにすることだ。

昔はバリアフリーという発想はなかったため、ここ数年でリフォームをしてバリアフリーにしている家が多くある。総務省の統計によれば、なんらかの形で「バリアフリーを備えた住宅」が、居住者のいる家に占める割合は五〇・九パーセントに達する。この数値はほとんどの家で将来、バリアフリーが求められることを意味している。また、日本の高齢化はますます加速し、二〇二五年には三世帯に一世帯が六五歳以上の高齢世帯になると言われている。バリアフリーは特別なものではなく、当たり前のものにしていくべきだと私は考えている。住む人を危険から守るバリアフリーは「じねん」でいるために必要なことでもある。

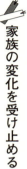

一方で、要介護・要支援の認定を受けている家族がいる世帯のうち、三二・一四パーセントがバリアフリー工事を実施していないこともわかっている。バリアフリー工事に係る費用の問題が大きな要因だと考えられる。あとから工事をすることは費用的にも工法的にも限界があるため、新築時から備えることが大切だ。

具体的には、室内段差をなくす、トイレをはじめ各室間仕切り部には広めの引き戸をつける、サニタリーを寝室近くに配置する、自然素材・無垢材による調湿機能を最大化する、要所への手すりを標準配置にするといったことを取り入れている。手すりは、バリアフリー工事の実施箇所、希望箇所に関するアンケート調査においてともに一位になっている。新築時に備えることは、将来の大きな安心につながると考えられる。

階段の段数にもバリアフリーの考え方を取り入れている。家の階段が何段あるか、知っているだろうか？　実は建築基準法では階段一段あたりの高さ「蹴上《けあげ》」の基準まで示している。その寸法は最大二三センチメートル。一階床から二階床までの高さは二九〇センチメートルくらいの家がほとんどなので、二九〇を二三で割ると一三。つまり、日本家屋では階段は一三段が一般的なのだ。

ただし、この一段あたり二三センチメートルというのは法律上の「上限」である。あたかもそれが標準のようになっているが、もっと低くてもなんの問題もない。高齢化が進み、家の中での事故が増えているが、中でも階段での事故は多い。そこで私たちは、一段あたりの蹴上をこれまでより小さくし、一五段を標準設計にした。誰にとっても安全性の高い階段にしている。

もうひとつの取り組みは、家族の成長に対応することだ。

「鉄筋コンクリートの家は、壁で建物を支えているから部屋の間取りの変更は比較的簡単だと聞いたことがあるけど、木の家ではできないのでは？」と質問を受けることがある。「自然流健康の家」を支える木造軸組工法は、家の重量を柱と梁の構造材で支えているため、その構造材さえいじらなければ、間取り変更の自由度は高い。あらかじめ子ども

一般的な階段より２段多い15段を標準設計に。

の成長や独立を見越して間仕切りを考え、例えば、新築時は二階に広い部屋をつくり、子どもが大きくなったらふたつの子ども部屋に分けることができる。もちろん反対に取り外しを想定した設計にすることもできる。

「バリアフリーなんてまだまだ先、必要になったら考えればいい」という方もいるかもしれない。しかし、バリアフリーを設計の段階で考えることは重要だ。

どこの空間を中心に家族が過ごす？　それぞれが自分の部屋を持つようになってからも家族がお互いのことを気にかけられる間取りって？　子どもが独立したらその部屋をどうする？　歳をとってからどう暮らしたい？　何がしたい？

家族観や教育観などを考えるきっかけにもなる。

一〇〇年品質の家づくりを通し、将来を考えたり、人生の気づきや学びを得る貴重な経験もして欲しい。

道しるべ
その3

紀州産の檜・杉を構造材に

「紀の国」和歌山県が育む良質な木材

「自然流健康の家」では、柱や梁といった構造材には特にこだわる。「いのちの器」にふさわしい構造材は和歌山県紀州産、ＪＡＳ規格に基づき一本一本品質管理された檜・杉と決めている。

秋田県や九州地方などにも木材の有名な産地がある。しかし紀州産にこだわる。その最大の理由は、品質管理にある。和歌山県は県面積の八〇パーセント近くが山林というまさに木の国。特に民有林が多かったことから、江戸時代より林業が盛んになり、技術が高まったと言われている。その木目はぎゅっと詰まっていて、年輪は正円に近くて間隔が狭く均一。粘り強く、狂いが少ないため、家の構造材に最適なのだ。

苗木から木材になるまでどれくらいの時間がかかると思うだろうか？　平均六〇年、中には一〇〇年かかるものもある。その長い歳月、林業に携わる人たちがずっと山に入って手入れを続ける。苗木を植えた職人は、自分が植えたその苗木が木と呼べるようになって、家になるところまでは見ることができない。植えた苗がどう育つのかを見られるのは何代も先なのだ。それでも、愛情を持って世話をし、次の代に託し、新たな愛情が注がれる。そしてまた次の世代に託す。長い長い年月をかけて、たくさんの人の愛情を受け、時に厳しい自然環境を生き抜いて大きくなった木が家の柱や梁になる。無垢材であれば国産材であればどこでも同じということはない、生産地によって用途も性能も大きく変わることを知っておいてほしい。

無垢材の九つの特長

無垢材で家を建てる良さは、木にしかないさまざまな恩恵を受けられることだ。大黒柱が住まいの中心に立つその存在感、安心感には絶大なものがある。

私たちは次に挙げる特長を最大限引き出すための工夫をしている。

① 湿度の調整機能

木は木材になってからも「呼吸」をする。周囲の環境に同調する性質を持つため、まわりの湿度が高ければそれを吸いこみ、まわりが乾いていれば貯めていた水分を吐きだす。室内の湿度の変化を緩やかに、快適な環境に調整してくれる。また、人間が快適だと感じる湿度は、アレルギーなどの原因となるカビや細菌、ダニなどが発生しづらい湿度であることもわかっている。

② 吸音性と遮音性

無垢材は低音、中音、高音をバランスよく吸収する。不快な雑音を吸収し、音をまろやかにしてくれる。遮音性は数値上は鉄筋コンクリート造に比べると劣る。ただ、人は静かな空間にいると小さな音でも敏感に反応してしまう。木材の適度な遮音性は生活空間に適していると言える。また、人は風の音などに含まれる高周波音によってくつろぎを得る。鉄筋コンクリート造では遮断されてしまうが、木造では室内まで届く。

③　断熱性

木材は無数のパイプ状の細胞の集合体である。その中には身近な物質の中で最も熱を伝えにくい「空気」を含んでいるため、断熱材にも匹敵するほどの性質を発揮する。熱い味噌汁を入れた木のお椀を想像して欲しい。お椀の中身は熱くても木の器は手で持てないほど熱くなることがないのは、この性質によるものだ。

④　弾力性

木材は衝撃を受けると「局部変形」と「たわみ変形」を起こし、これで衝撃を緩和する。つまり、転んだときなどに痛みをやわらげてくれる。また、衝撃を受けても一時的に変形するため建築資材としての機能を失うことはない。

⑤　腐りにくい

木材は自然の素材であるため、腐朽菌によって腐ることはありえる。土に還るのも腐るためだ。ただ、含水率を二〇パーセント程度にまで下げれば収縮率が安定し、腐りにくくなることが明らかになっている。

⑥　燃えにくい

火災時にも木の表面は炭化し、酸素を通さなくなるので、防火効果を発揮したり、燃焼の進行を遅らせたりする。木造住宅は火災時でも、短時間で崩れることはない。一方で接着剤でつくられた集成材と言われる木材は、火災時に接着剤が燃えることで火力が何倍にも上がるとともに有害なガスが発生し、とても危険であると言われている。

⑦　癒し

木が含む芳香物質（フィトンチッド）は、アロマテラピー効果を持つ。血圧を下げたり、脈拍を落ち着かせたりし、心身をリフレッシュさせてくれる。

⑧　美しさ

木材には経年美という言葉がある。さらに古《ふる》美《び》るという。年月が経つにつれ、表面が光沢を帯びてきたり、色合いが落ち着いてきたりする。こうした変化は趣や風格を感じさせ、住む人を楽しませてくれる。

⑨　安全性

無垢材は、体に有害な物質を含んでいない。人に害を及ぼすことはないし、将来は自然に還るため環境を害さない。

集成材は無垢材より強度がある？

同じように構造材に使われる建材のひとつに集成材がある。これは、木材を薄くスライスし、それを接着剤で何重にも貼り合わせた化学建材だ。

一番の問題は、接着剤などが有害物質を含んでいることだ。この有害物質が目の痛みや頭痛、喘息、アレルギーなど、シックハウス症候群を引き起こす。また、接着剤は徐々に劣化し、湿気とともに剥離していく。さらに、表面をクスリで加工するため、木材が性質として備える調湿機能が失われてしまう。これが腐食の原因であり、日本の家を三〇年という世界でも飛び抜けた短命にしている原因でもあるのだ。

よく「無垢材と集成材のどちらが優れているか？」という実験で、ねじれや反り、収縮性などの耐強度が比較される。時に集成材が無垢材より強いという数値が出ることは嘘ではない。ただ、これは出荷時の強度実験の結果だ。集成材は接着剤の劣化からも腐食からも逃れられないのに対し、檜や杉の無垢材は使用後、徐々に強度が高まっていくことがわかっている。

無垢材ならどれも耐久性に優れているとは言えないが、選別することで弱いものは除く。特に耐久性が高い木材は檜だ。伐採してから二〇〇年間は曲げ・圧縮・引っ張りのいずれの強度も三〇パーセントを増すという結果が出ている。それから一〇〇〇年以上かけてゆるやかにもとの強度に戻っていく。木は切られたときに第一の生を終えることになるが、建築資材として第二の生が始まる。法隆寺の主要な部分は檜でできている。一四〇〇年も前に建てられた法隆寺があれだけの品質を保ち現存しているのは、法隆寺を支えてきた木と伐採したばかりの木の強さがほとんど変わらないためだ。

こうしたことを考えれば、新品の実験結果のみで家づくりにどちらの建材が適しているかを判断するのはいかがなものだろうか。集成材の腐食を先延ばしにしようと防腐剤を大量に使用すれば、有害物質の量を増やすだけ。悪循環でしかない。

また、自然流の構造材はすべて建築基準法で定められた基準より二割以上太い構造材を使った「骨太構造」だ。家全体で使う木材の量を増やせるし、床板は三〇ミリメートルと厚く、柱や梁も太い。太ければ太いほど曲げや引っ張り、圧縮に対する力が増し、地震や風に強いしっかりした構造体をつくることができる。木材はボリュームが重要な要素のひとつだと考えている。太さ、厚さ、大きさによって人が期待する性能を発揮するのだ。

信頼できる林業の老舗

私たちが構造材の取引をしているのは、四〇〇年を超える歴史と五〇〇〇ヘクタールの山林を所有している林業・製材業の老舗「山長商店」だ。山長では、木を植えることから始め、伐採、製材までのすべてを自社でおこなっている。

木を育てる工程は、どれをとっても手間暇がかかる。まず苗木を植えるのは、山奥の急な斜面だ。たくさんの苗木を挿した大きな袋を背負って、手作業で一本一本植えていく。話を聞いているだけで、腰が痛くなってしまうような過酷な作業だ。それに、単純に植えているわけではない。苗木は外見は同じように見えても、種類はもちろん性質が異なる。どこに植えたら正常に育ち、理想的な木材になるのか、苗木を見極めながら植えなければ

JAS マークを獲得した山長の無垢材を使用。

ならない。熟練の職人でも一日に三〇〇本がやっとというペースだという。

その後は生育環境を守るために雑草の下刈りが続く。そして、間引きにあたる除伐・間伐がおこなわれる。これは苗木を植えてから最初の一～五年で一回、その後約一〇年ごとに状況を見ながらおこなうというのだから、林業の世界に流れる壮大な時間を感じずにはいられない。

どんな種類の木をどれくらいの密度で育てるか、そして、何十年もの間どのように手をかけたらむやみに太らずに年輪の目がぎゅっと締まった木材にできるか。これらは、江戸時代から続く林業の歴史の中で育まれた知恵と技術、紀州の気候風土に学んだ伝統にほかならない。

これだけ手間暇をかけても、木は自然の中で育つ生き物なので、六〇年、一〇〇年と過ぎる中で、さまざまな個性を持つ。せっかく大きく育っても、曲がりや腐食を含んだものは建築に適さないため、貯木場に運ぶ前に取り除かなければならない。

貯木場では節の具合や樹齢、木の中身の均質でない部分の有無などが調べられる。これらを見定める熟練の職人がいるのだ。製材工場では、機械で樹皮がむかれ、角材にされるが、芯が中心になるように加工される。芯持ちの柱材は、一本の木から一本しかとれないため、非常に貴重な材木だ。その分、丈夫で長持ち。頑丈な家にしてくれる。

こうして材木の形になっても、すぐに家の柱や梁になるわけではない。しっかり乾燥させないまま使ってしまうと、木は曲がったりねじれたりする。十分に乾燥装置で乾燥させなければならない。

乾燥装置は巨大な倉庫のような形だが、庫内の気圧を下げる工法を取り入れることで、何年も寝かして乾かしていた昔のやり方を再現している。また、多くの製材工場では、排出する樹皮・端材が産業廃棄物となり、問題視されているが、山長では、乾燥装置の熱源として樹皮やおがくずを使用し、廃材ゼロを目指す取り組みをしている。

そして仕上げに、木材の曲がりや水分量を検査する。強さの目安になる「ヤング係数」という数値があるが、これは建物を設計する上で、最も重要な情報になる。山長の檜と杉は全国的にトップレベルとして知られている。

こうして木材はプレカット工場に運ばれる。ここでは、プレカットマシンで工務店や設計事務所から送られてきた図面に基づき、継手・仕口を加工する。トップレベルの品質だからといって、どこにどの木材を使ってもいいわけではない。職人の目と腕で素性を見極め、図面に合った木材を選び加工する。また、プレカットの段階でも、センサーで含水率や強度を測り、一本一本に品質表示を刻印し、最後に人の目でも検品する。木材性能の見える化は、工務店にとっても大きな安心になる。

この品質表示の中でも驚かされるのは「ＪＡＳマーク」だ。ＪＡＳマークは、日本農林規格（ＪＡＳ規格）による検査に合格した製品にのみ付けることが認められている。今までの国産無垢材は、自然素材であるがゆえ十分に乾燥させることが難しく、狂いが大きくなってしまい、強度にもバラツキがあった。それに品質の見極めも非常に難しいためＪＡＳ認定が得られなかった。しかし、表面割れの少なさと低い含水率を両立させる高い乾燥技術を備え、徹底した強度・含水率管理をおこない、安定した品質の無垢材を生産できるようになり、ＪＡＳマークを獲得したのだ。無垢材より集成材のほうが強度がある、安定しているという定説を、ＪＡＳマークという高い信頼性を持ってくつがえしたとも言える。

こうした過程を経て建築地に運び込まれる状態になるのだが、山長は運搬にもこだわりを持っている。必要な現場に必要な日に届ける「産地直送」型を徹底しているのだ。産地直送は、良いものを安く提供できる仕組みであるとともに、木材を守るためにも重要なのだ。

一般的に木材は、原木市場に流れ、製材所を通じて木材市場、問屋や材木店が保管し、そして現場に届く。ここでどう保管されるかは大きな問題だ。素晴らしい無垢の木でも、買い取った問屋や材木商が無垢材だけを扱っているとは限らない。集成材や合板と同じ倉庫に長いこと置くような環境なら、それらから揮発した化学物質を無垢材が吸ってしまう。しっかりとした保管場所を持っていない業者が、腐らせないために自社で防腐剤や防カビ剤を塗ってしまうこともあり得る。流通までこだわって初めて、安心な家づくりが可能になる。

家族で選ぶ大黒柱

私たちはほかにも、自前の山を持つ林業・製材業者と取引しているからこそ実現できていることがある。「自然流健康の家」をつくる前に、実際に家族みんなで紀州の山長の山に行き、自分の家の大黒柱を選ぶことができるのだ。

「大黒柱を選べますよ」と言うと、倉庫に積んである木の中から選ぶと思うお客さまがほとんどだ。しかし、山に登って、樹齢六〇年～一〇〇年の杉・檜が生きている姿を見て選ぶ。私たちは、幹の太さや曲がりの有無、枝の具合などを説明しながら、候補になりそうな木をいくつか紹介する。「大黒柱が選べるというのはとても魅力的だけど、木を見て違いがわかるかなぁ」と話していたお客さまでも、山に入ると、おもしろいものでフィーリングを感じるようだ。みなさん家族で話し合いながら真剣に選ぶ。

そうやって選んだ木を伐採し、加工し、大黒柱にする。山からもらった命が家の中心で生き続けることは、時にパワーとなり、また癒しとなり、精神的支柱として永遠に家族を支え続けてくれる。そして、長い年月語り継がれて、家族の大切な〝見える思い出〟となっていく。大黒柱を山で選ぶことは、とっておきの体験になることだろう。

限られた工務店のみ本物の無垢材を仕入れられる

「無垢材で家を建てたい！　けど、高いんでしょ？」と二の足を踏んでしまう人は多い。私たちは決して高級住宅をつくっているわけではない。こだわり抜いた家づくりをして、そこに多くの方が住んでくれて初めて職人冥利に尽きるというものだ。寿司屋に行ったはいいが、「時価」と書かれていて食べたくても食べられない、こんなことが家づくりでも起きてしまったら職人の名折れだ。

ある人が自然素材の良さを知り、「無垢の檜の四寸角で家をつくってくれないか」と、ある工務店に相談したとする。その工務店が、日頃から化学建材の家ばかり建てていて、無垢の素材を使っていない場合、まず良い材料を手に入れるのに苦労する。品質の良い無垢材は、そう簡単に手に入らない。とびっきり良いネタを仕入れられる寿司屋が、老舗などごく一部に限られているのと同じように、本当に良い材料を仕入れられる工務店は限られているのだ。

高い値のついた材料は手に入れることができても、質の良い材料を適正価格で仕入れるのは容易なことではない。すると、寿司屋が市場ではなくてスーパーマーケットの魚売り場でネタを買ってくるようなことになる。なんとかまともな素材が手に入ったとしても、流通を何段階も経た材料にはそれなりの値段がついているため、販売価格に跳ね返る。その価格を見れば、「やっぱり国産の檜は高くて無理だ。あきらめるしかない」とお客さまは敬遠する。

無垢材を活かす技術も、限られた工務店のみ

職人の技術面にも心配がある。大工なら誰もが無垢材を扱えると思っている人が多いが、そうはいかない。化学建材が流通するようになり、大工はノミやカンナを使う必要がなくなっている。今は無垢材を見たことも触ったこともない大工が多くいる時代だ。無垢材を使う家づくりができる工務店は限られているのだ。

普通の工務店はこう思うだろう。「無垢材なんてそうそう手に入らないし、そもそも無垢材は原価が高く、供給が安定しない。それに扱いが簡単ではないし、職人の経験と技術も追いつかない。それよりは、安くて手に入りやすく、現場で組み立てるだけの化学建材の家づくりをしたほうが楽だ」と。

弊社には同業者がよく見学に訪ねてくる。志の高い同業者がいる一方で、「こんなにふんだんに自然素材を使った家を適正な市場価格で提供できるはずがない。どこか手を抜いているに違いない」と考え、のぞきにやってくる同業者もいるのだ。化学建材の家が増えた今、無垢材の家は高いと思い込まれている。しかし、現在私たちは、流通コストの見直し、職人の育成など、経営者、職人としての努力を惜しまないことで、無垢材の家を適正価格で提案することができている。ただし、将来的には難しくなっていくだろうと思う。なんとかしなければならない。

道しるべ
その4

「基礎」は見えないからこそ手間をかける

頑丈で一〇〇年長持ちする「基礎」をつくる

家づくりは、長期間家全体を支える「基礎」づくりから始まる。いくら性能の良い家をつくっても、肝心の基礎がしっかりしていなければ不安のある家になってしまう。

ところが基礎は、実際に家に住むときには見えないし、家を建てる段階でも比較的早く見えなくなってしまうため、どれだけ大切に考えられるかは、工務店やメーカーによって差が出る。

私たちは、見えないところにこそ「手間かけ・暇かけ・気を入れて」を合言葉に施工する。ほかの工務店やメーカーでは手間を惜しんでなかなかやらないような工夫を取り入れ、頑丈で長持ちする基礎づくりに取り組んでいる。

隙間のない強い基礎にするコンクリートの「一発打設！」

基礎とは、地盤と接して家を下から支える部分だ。建築が始まって間もない現場で、一番先に目にするものを「コンクリート基礎」と呼ぶ。そして、基礎の上に載る木材を「土台」と呼ぶ。

一般的に家の基礎をつくるためのコンクリート打設工事は、「T」を逆さにした位置関係にあるベース部分と立ち上がり部分を二回に分けておこなう。まず一回目に、基礎のベース部分にコンクリートを打つ。その上に「仮枠」と言ってコンクリートを流し込む枠をつくり、その部分に流し込む。

しかし、単純に考えて、二回に分けずに一回で打ったほうが、コンクリートが一体になって強い基礎ができあがると思わないだろうか？　まさにその通りで、二回に分ける工法では、土台部分と立ち上がり部分の継ぎ目に隙間ができてしまう恐れがある。粘土工作で人形などをつくるとき、最初に胴体をつくって、あとから手や足をつけると、乾いてからポロッと取れてしまった経験があるだろう。二回に分けると、基礎もこれと似た状態になってしまう。隙間ができれば、ひび割れが入り

やすくなり、強度が下がってしまう。そこから雨水がしみこんでしまうことがあり、そうなれば鉄筋を錆びさせたり、シロアリの侵入を許してしまったりする恐れが出るのだ。

しかし、ベース部分と立ち上がり部分を一回でコンクリートを打つのは技術的に非常に難しい。そのため、わかっていながら、多くは二回に分けて施工している。

だが私たちは、基礎を、ベース部分と立ち上がり部分を同時につくる「一発打設」で仕上げる。「ずいぶん勢いが良さそうなネーミングだな」と感じたかもしれない。一般的な施工方法よりもスピー

一発打設などの高い技術を持つ職人たち。

ディーかつ繊細、隙間のない強い基礎をつくることができる。

一発打設は、一発勝負で失敗が許されないので、高い施工技術を持つ職人にしかできない。また、職人は、私たちの考えを理解し共鳴した上で施工してくれる〝仲間〟でなければならない。いくら私たちが「自然流」を掲げても、職人の誰かが化学薬品や合成塗料を使ったものを家に入れてしまったら、自然流ではなくなってしまうからだ。

私たち工務店は、職人の技術と人柄を見極める目を持たなければいけない。これは材木屋、基礎屋のほかにも、足場屋、内装屋、断熱屋、畳屋、屋根屋、水道屋、電気屋、左官屋、建具屋など……家づくりに関わる職人すべてに対して言えることでもある。また、良い腕、良い素材、高い志を持っている職人にもっともっと世に出てもらうためにも、工務店はこだわりを持ち仲間をつくっていくべきだと考える。

家全体の強度を高める「大引」の基礎

一階部分の床づくりでも、「手間かけ・暇かけ・気を入れて」施工をする。

床をしっかり支えるために、根太《ねだ》（床板を受ける横木）を受ける木材を「大引《おおびき》」と言う。一般的には、鋼製束やプラ束というつっぱり棒で大引を支える。

私たちは、つっぱり棒だけでは不十分だと考え、大引と基礎をがっちりとアンカーボルトで固定する。こうすることで床全体が頑丈な基礎と合体するため、点ではなく面の強度を持つ。床面にかかる重みを基礎とともにしっかりと受け止め、床の重みを基礎全体に直接伝えることができるため、家の強度が高くなる。もし大きな地震が起きても、揺れを全体で受け止めることができるので、大きな地震などの際でも建物の飛び上がりや横ずれが起きにくくなる。

なお、基礎の設計では人通口を確保するひと手間を加える。基礎の隅々にまで人が入れるようにしておくことで、アフター点検時に床下の点検などが容易になる。

道しるべ
その5

薬品を使わなくても木を長持ちさせる縄文時代からの知恵

白アリが食べたくない!?　焼きつけ土台

基礎づくりの仕上げは、基礎の上に載る木の枠組みである土台の施工だ。見学会で実際の土台を見ると、「黒い！　あれ、古い材木？」と、とても驚く参加者がいる。黒色の土台は、もちろん古いものではない。その色をしていることに私たちのこだわりが隠れている。

木の表面が黒い理由、それは表面を焦がしてあるためだ。木の表面を焼くと炭化するので、表面部分の細胞は死んでしまうが、こうすることで、木の繊維が持つ栄養分を目当てにしているシロアリが喰わなくなるし、腐食菌もつかなくなる。

使用する木材は檜やヒバの芯持ち材だ。一本の木でも部分によって腐りやすい箇所と腐りにくい箇所がある。幹を輪切りにしたとき、外周部の「しらた」という白っぽい部分は養分や水分が多く腐る恐れもあるが、内側の「あかた」という部分は腐朽菌や虫の嫌がる二酸化炭素を溜め込んでいるため腐りにくい性質を持っている。この優れた木材を、焦がすことでさらに腐りにくくし、土台が格段に長持ちするようにしている。表面をバーナーで焼きつけるには半日以上かかるが、それでもこだわりを持って取り組んでいる。

木の表面を焼きつける工法は、防蟻剤、防腐剤などをたっぷりと塗らなくても木を長持ちさせることのできる優れた方法

土台となる木材の表面を焦がすことで腐りにくく、長持ちする。

だが、驚くことに、数千年も前からの先人の知恵だ。

今から五五〇〇〜四〇〇〇年も昔である縄文時代の遺跡、青森県三内丸山遺跡は大規模集落の跡地として知られている。そのきっかけとなったのは、一九九四年に直径約一メートルという破格の大きさを持つクリ科の巨木を六本立てた大きなやぐらの跡が見つかったことだ。地下二メートルまで掘ったところでクリ科の木の柱の跡が出てきた。木は本来、分解され自然に還る性質を持つ。土の中に埋もれればなおさら分解は進みやすいはずだ。しかし、この柱は表面が焼かれ炭化していたため、一部が今の時代にまで残り、発見につながったのだ。これは、それまでわかっていた縄文時代の土木建築技術を揺るがす大発見となった。

中には、木を燃やしたら強度が弱まるのでは？　と考える方がいるかもしれないが、表面を焼きつけるだけなので必要以上に火が入ってしまうことはない。それに、分厚い木材は、表面は燃やせても芯まで燃やすには相当な時間がかかる。燃えると表面に炭化層ができ空気をブロックするため、木の内部までは燃えにくいのだ。

土台の老朽化を防ぐ、御影石の基礎パッキン

コンクリートの基礎に焼き土台を載せるとき、もうひとつこだわりがある。その間にパッキン材をはさみ込むための隙間をつくるのだ。

実は、コンクリートは湿気を含んでいる。おまけにコンクリートの下は土なので、湿気は土台に伝わりやすく、伝わってしまうと木を腐らせる原因になるだけでなく、シロアリを呼んでしまう。また、土台の上には床板を張るが、土台と基礎のあいだに隙間がなければ、床下全体に空気が通らなくなってしまう。これは湿気の多い日本においては致命傷になりかねない。通気性を確保し、湿気を防ぐことで土台の老朽化を防ぐためにはパッキン材が欠かせないのだ。

パッキンと言うと、ゴムのようなものを想像するだろう。しかし、私たちはここに天然の「御影石」をはさみ込む。御影石は花崗岩を加工したもので、高級な建物の階段や床などに使われている。

「御影石じゃないとだめなんですか?」と聞かれることも多くある。なぜ御影石かと言うと、パッキンそのものの寿命を考えてのことだ。多くの住宅メーカーは、こ

れまで硬質ゴムをパッキンに使用してきた。でも実際のところ、硬質ゴムが何年持つのか、その耐久性はわかっていない。工業製品として生まれた硬質ゴムを、せいぜい三〇年の寿命しかない化学建材の家の土台に敷いてきたのだから、硬質ゴムの寿命は未知なのだ。

数十年でボロボロになるかもしれない。だったら、数百年耐えることがはっきりわかっているものを選ぶに越したことはない。こうして考え出した答えが天然の御影石だ。御影石はマグマが長い年月をかけて地下深くで冷えて固まったものであるため、密度が高く固いため、耐久性がある。それに吸水性が低いという特長があり、御影石が含

先人の知恵に学び、御影石の基礎パッキンを使用。

む水分はコンクリートの三分の一以下だ。御影石は、湿気を嫌う木の土台を守るのに最も適した自然素材なのだ。

木材の焼きつけ同様、御影石の使用も先人の知恵に学んだ。御影石は城や神社仏閣など歴史上の建物を支えてきた実績のある自然素材だ。昔は、切りだしてきた御影石自体を建物の基礎として使っていた。地業と言って、地面をつき固めて、その上に御影石を置き、さらにその上に直接柱を立てていた。福岡県には御影石でできた「眼鏡橋」という石橋がある。たび重なる川の氾濫に対処するため、江戸時代に五年の歳月をかけて築造した石橋だ。昔の日本建築を学んでみると、気候や風土と共存する家づくりのヒントがたくさんあり、いつも先人の知恵には頭が下がる。

道しるべ
その6

天然木質繊維でできた断熱材

無垢材と断熱材の組み合わせが生み出す期待を上回る相乗効果

「木の家づくり」と言うと、「昔ながらの日本家屋は寒いからな……」と心配する方がいる。確かに古い木造住宅は、寒さよりも暑さ対策を重視、つまり通気性を重視してきた分、寒さへの対策がされていなかったり、長い年月が経つうちに立てつけが悪くなり隙間ができてしまったりと、寒さに弱い場合もある。しかし「自然流健康の家」は、伝統的な木造建築の良さを現代の基準で強化し、さらに最新の断熱技術も積極的に取り入れているためとても住み心地のよい空間ができあがる。住んだ方に感想を伺ってみても、必ずと言っていいほど断熱性能のことが挙がる。

「今ではエアコンは飾りになっています。ストーブのある冬の雰囲気が好きなので

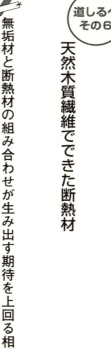

少し使いますが、陽が出てからはストーブを使わなくともとてもあたたかくなります」

「家内はかなりの寒がりですが、真冬でも素足で過ごすようになりました。防音効果もあるため、暴風雨のときの外の激しさが家の中にはおよそ伝わってきません」

「春夏秋冬を経験しましたが、冷暖房は数えるほどしか使用していません。家族は風邪を引かなくなりました」

無垢材と断熱材の組み合わせは、期待を上回る相乗効果をつくりだすことができている。

断熱は、健康快適な家づくりの基盤

そもそも断熱とは、家内外の熱伝導を断つことだ。外の温度が壁などから伝わったり、室内の空気が外に逃げたりすることで室温が変化してしまうことを防ぐ。夏なら余分な熱が入ってこないように、冬なら室内のあたたかさを保つようにする。

今、優れた冷暖房器具がたくさん出回っている。なのに、なぜこうした断熱が必要なのだろうか？

スポーツなどをして息が上がっていたり、汗をかいたりしている人が側に寄ってきたとき、なんとなく気温が上がったように感じた経験があるだろう。真夏にコンクリートの上を歩いていて、それだけで暑くなった経験もあるだろう。これは、人も、身のまわりにある物体も、その温度に応じたエネルギーを発しているからだ。その表面温度が高ければ高いほど、放射するエネルギーの量は大きくなる。

人間の体の表面温度は三〇～三五度程度だ。例えば、夏に家の中の壁の表面温度が三六度くらいまで上がったとする。すると壁からの放射エネルギーのほうが大きくなり、それが体に伝わるため、暑さを感じる。一方、壁の表面温度が二〇度くらいの場合、自分が放射するエネルギーのほうが多いため、徐々に寒さを感じるようになる。人と身のまわりの物体は、エネルギーを介してこのような関係にあるため、断熱により床・壁・天井の表面温度をコントロールすることは室内環境を整え、人にやさしい基盤になる。

断熱がもたらす効果はこれだけではない。暑さ、寒さをコントロールできれば室内温度のバリアフリー化ができる。室内の温度変化によって引き起こされる熱中症や脳梗塞……さまざまな不安や危険を防ぐことができるだろう。また、冷暖房器具の使用時間や使用頻度を減らせるため、家計の負担を減らすことができる。過度な冷暖房に頼らない生活が健康につながることは言うまでもない。

自然素材一〇〇パーセントの断熱材「セルローズファイバー」

岐阜県にある白川郷には、深い山を背景に急勾配の分厚い屋根を持つ家々が建ち並ぶ壮大な里の風景が広がる。建築様式と地域にあった土地利用が評価され、白川郷は一九九五年、ユネスコ世界遺産に登録された。

その建築様式とは「切妻合掌造り」。茅葺き屋根が、本を開いて立てたような三角形をつくっている。この形にはいくつも優れたところがある。例えば、豪雪地ならではの雪の重みをうまく分散させること。囲炉裏のけむりで屋根材をいぶすことによって虫の害などから守り長持ちさせること。そして、厚い茅の中にできた空気の層に断熱材の役割を持たせていることだ。これにより厳しい寒さ、暑さ、湿度から人は長く身を守っていた。自然とともに生きていく中で得た知恵とも言える建築様式なのだ。

この断熱の知恵を現代建築に生かしたのが、「セルローズファイバー」による断熱工法だ。セルローズファイバーは、新聞古紙を再利用し、特殊な技術で細かい綿状にした木質繊維の断熱材だ。紙の原料は木をほぐして出る繊維を集めたパルプなので、自然素材一〇〇パーセントの断熱材だ。断熱効果のほか、調湿、防音、防燃、防カビ、防虫、防錆、撥水と、全部で八つもの優れた効果をあわせ持っている。私たちを訪ねてくるお客さまの中には、「セルローズファイバーで断熱がしたくて」という方もいる。セルローズファイバーは、家づくりに熱心に取り組む方々に支持される断熱材なのだ。

セルローズファイバーの普及率が低い理由

これほど優れた断熱材だが、普及を妨げるものが二つある。

ひとつ目は、断熱材の中でも特に施工の難易度が高いことだろう。

セルローズファイバーは、一階の床からすべての外壁、屋根、二階の床まで均一に吹き込むが、大工さんの下地づくりが大変な作業になり、充填作業に専門性を要する。その量は一立方メートルあたり約六〇キログラム、一棟あたり約二トンにもなる。もし充填が不十分だったり、ムラがあったりすると、あとになってから自身の重みで沈んだり偏ったりしてしまう。わずか五パーセントでも隙間ができると、断熱効果は半減してしまうと言われているし、内部結露を発生しやすくしてしまう。この難しさから、扱うことを避けたり、「良くない」と言ったりする業者もいるのだ。

私たちは正確・丁寧・完璧にセルローズファイバーの吹き込み工事をするため、信頼できる専門技術者にしか施工させない。特に大切なのは沈降させないように充填していくことだが、セルローズファイバーの中に太めの植物繊維を混ぜて沈まないようにしたり、充填用の特殊な機械を研究開発したりと、高度な技術も確立している。品質と腕のある技術者が結びついているからこそ、高い断熱性能を引き出すことができる。

二つ目は施工価格が高いことにある。化学系の断熱材の十倍ほどの金額となるので、価格を聞いただけで価値判断に弱い人は避けてしまうのだ。そこで私たちは、良いものは広げていこうという考えのもとに、標準施工として全棟セルロース断熱の家としている。

断熱材には調湿効果が必要不可欠

セルロースファイバーは木質繊維なので、周囲の環境に応じて湿気を吸ったり吐いたりしながら適度な湿度を保つ調湿効果を備えている。そのため壁の内側など目に見えない場所で結露が発生する「内部結露」を起こさない。実はこの性質、断熱材にとってとても重要なことだ。

理由は二つある。まず、断熱材が性能を発揮するためには乾燥していることが条件になるからだ。水分は空気の三〇倍も熱を伝えてしまうため、壁の中で内部結露が発生すると、断熱性能を低下させてしまう。

そして、冬に窓ガラスでよく見られるような目に見える結露は対策のしようがあるが、壁の中で起こる内部結露は厄介だ。発生しても気づかないことが多いため、知らず知らずのうちに、大切な構造部分を腐らせてしまう。湿度の高い環境にはシロアリが集まりやすいため、強度低下、寿命の低下に拍車をかける。それに、結露によってカビが繁殖すると、胞子となって部屋の中に浮遊する恐れがあるため、アレルギーやアトピーの原因にもなり得る。そのため、断熱材が調湿効果を持ち合わせているということは家と住む人の健康を保っていくためにとても大切なのだ。

セルローズファイバー以外にも、調湿効果を謳う断熱材はある。ただ、それらの多くが持つ性質は、調湿ではなく吸湿性だ。含湿性能が大きいため、結露が生じても、その水分を材料内部へ拡散するため、表面に水滴として現れるのに時間がかかるというだけだし、水分を含んでしまえば断熱効果の低下は免れないだろう。

一般的に使われる断熱材は、ウレタンやポリスチレン、グラスファイバー、グラスウールだ。中でもよく使われるのは、グラスウールだろう。これは、リサイクルガラスを主原料としており、とても安価で施工も簡単なため、多くの住宅で使われている。このグラスウールなどに比べると、セルローズファイバーの施工初期費用は高額だ。ただ、断熱効果が高いため省エネができること、内部結露の心配がないことを考えれば、結果的に得になると言える。特に「自然流健康の家」は孫の代まで受け継げる一〇〇年品質の家なので、日々省エネできることで、チリが積もって宝の山！　になる。それに、グラスファイバーでセルローズファイバー並みの断熱効果を出そうとしたら、本当ははるかに手間も量も必要になるはずだ。割安だと思われているが、実際のところは、どうだろうか？　割安ということにも疑問が残る。

セルローズファイバーは何役も役目を果たす！

セルローズファイバーは非常に優れた断熱材だ。断熱効果に留まらず、調湿、防音効果などもあるのだから、使わない理由を見つけるほうが難しいだろう。ただ、ひとつだけ問題を感じるかもしれない。「原料は新聞紙。火に弱いのでは？　もし火事になったら火を強めてしまうのでは？」と考える方もいるはずだ。

私たちの住宅セミナーでは、断熱材の耐火実験を映像ではなく、みなさんの目の前でおこなう。実験では、壁の構造を再現した直方体の箱を二つ用意する。その表面に穴を開け、一方にセルローズファイバー、もう一方に代表的な断熱材であるグラスウールを詰め込む。そして、穴にガスバーナーから出る一〇〇〇度を超える炎を吹きつける。すると……ボーオォォという轟音とともに、グラスウールからは強い異臭が漂い、中身は灰色に。穴のまわりの壁までも黒っぽくなってしまう。一方セルローズファイバーは表面は黒くすすけたようになる。ただ、どちらも燃え上がるようなことはない。

両者の違いは、箱のパネルを外すと一目瞭然だ。グラスウールは全体がしぼんで、炎を浴びた部分は溶けてなくなり、壁面との間に隙間ができてしまう。だが、セルローズファイバーは炎を浴びた表面部分だけが真っ黒。それ以外の部分はなんの変化も起きず、綿がぎっしり詰め込まれた状態のままだ。

両方とも断熱材のひとつであるのに、なぜ耐火性がこんなに違うのか？　それはセ

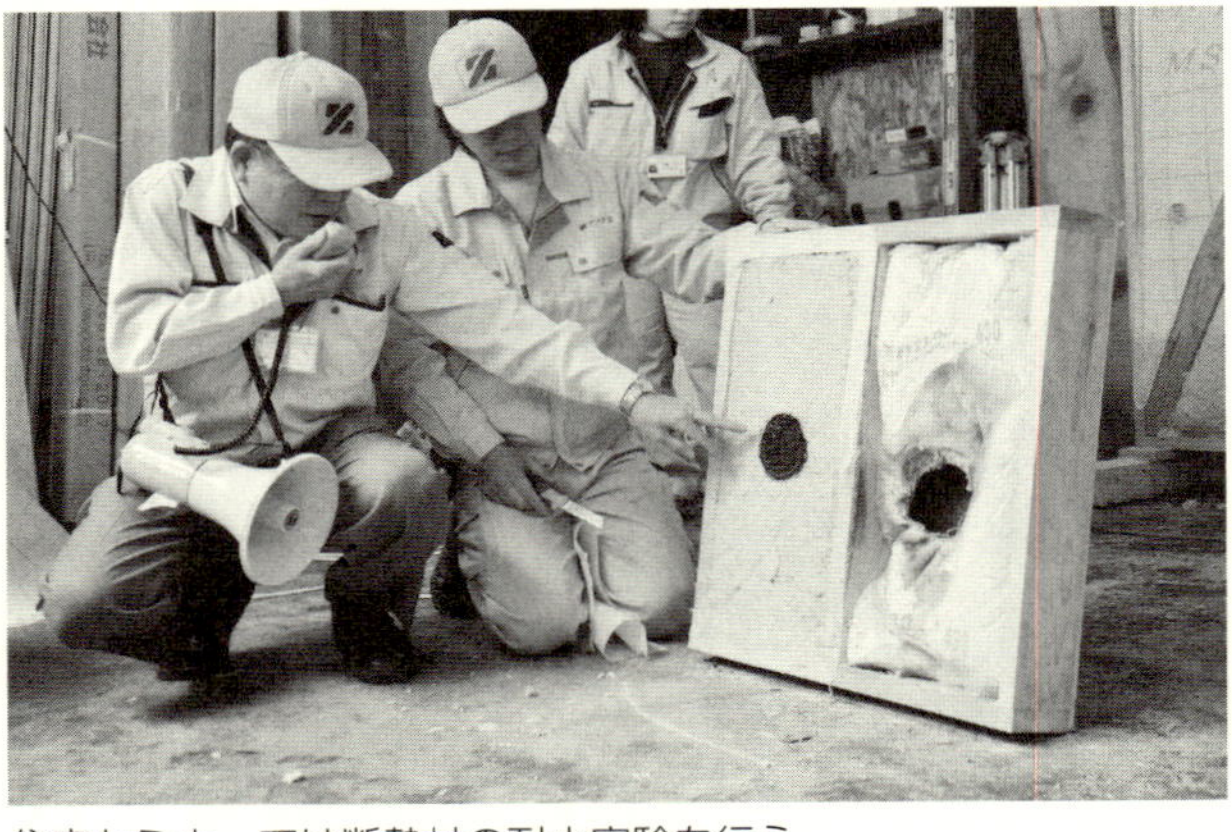

住宅セミナーでは断熱材の耐火実験を行う。

ルローズファイバーに添加されているホウ酸の効果だ。

ホウ酸と聞くと、ゴキブリ退治のための〝ホウ酸だんご〟を連想するかもしれない。さぞ有毒なものだろうと思うだろう。しかし、ホウ酸は鉱脈で採掘されるホウ酸塩鉱物を精製してつくられるものなので、実は天然物だ。鉱脈以外にも海水、淡水、岩石などに含まれる。植物にとっては栄養素になるが、排泄機能を持たない昆虫には毒性が強く現れるため、殺虫剤として利用されている。

このホウ酸をセルローズファイバーに添加すると、難燃性となり、熱せられても燃えることはなく炭化するだけ。炭化するとそこで酸素は遮断されるので、全体に燃え広がることを防げる。そのため、焦げた部分を取り除いてしまえば、なんの変化もないセルローズファイバーになる。

グラスウールは、ガラス繊維同士をくっつけるため接着剤を使っている。その接着剤の成分が高温で揮発するため、異臭や煙を出してしまうし、全体を溶けたようにしてしまう。

もちろん、火事を出さないことが一番だ。しかし、新聞古紙を再利用してできたセルローズファイバーが燃えにくいことは、またひとつ、安心材料を増やすと言える。

断熱の盲点は「窓」

家の中で一番熱を通しやすいのはどこだと思うだろうか？　それは開口部で、特に窓が熱を通してしまうのだ。しかしながら日本は、世界的に見ると窓後進国と言える。

窓を通して、冬に暖房の熱が逃げる割合は約六〇パーセント、夏、冷房中に入ってくる熱の割合は七〇パーセントを超える。つまり、寒さの原因の六〇パーセント、暑さの原因の七〇パーセントが窓にあることを意味する。日本の家庭におけるエネルギーの用途別割合は、冷房は三パーセントにとどまるが、暖房にいたっては二七パーセントを占める。窓の断熱性が弱いことで、大量にエネルギーを消費していることがわかる。

多くの国では窓の重要性が認識されている。窓の断熱性能は、一平方メートル当たり、一時間当たりに通す熱量「熱貫流率（U値）」で示されるが、このU値の最低基準を設けている。エネルギーを守るため、国が規制を厳しくしているのだ。

しかし、日本が本腰を入れたのはつい最近、二〇一一年のこと。それまで窓の断熱性能は、組み立て前のガラスとサッシの断熱性能をそれぞれ四段階で評価し、星の数で示していた。サッシとガラスの断熱性を別々に評価するため、窓としての断熱性能の判定は正確ではなかった。「サッシは二つ星、ガラスは四つ星なら、あいだを取って三つ星レベルの窓」といった勘違いもあった。そこでやっとのことで、完成品である窓としての断熱性能表示に一本化した。ただ残念ながら、これまで評価が曖昧だったことをいいことに、外国では禁止されているような低性能な窓もこれまで出回っていた。

また、サッシにも問題がある。日本のサッシの大半は、アルミでできている。理由は、アルミは加工がしやすいためだろう。しかし、アメリカや韓国でもすでに使われておらず、多くの国では樹脂サッシが標準だ。その理由は、断熱性能の目安となる熱伝導率（W／m・K）をみれば明らかだ。

■アルミニウム　二〇〇　■木　一・一六　■樹脂　〇・二

アルミは木の一七三倍、樹脂の一〇〇〇倍も熱を伝えやすい。アルミ製の鍋が、持ち手部分は樹脂製であることからもその熱伝導率の差は明らかだ。日本の窓は、断熱の盲点であったのだ。

自然な断熱方法「空気の層」をつくりだす窓とは

「自然流健康の家」では、開口部が熱を通してしまう問題を解決するため、「ペアガラス」と「樹脂サッシ」を二〇一六年から標準にした。

ペアガラスとは、文字通り、ガラスを二重にした窓だ。二枚のガラスで空気をサンドイッチすることで、熱の移動を防いでいる。空気は動かなければ動かないほどよい断熱材になる。この身近な例はダウンジャケットだ。羽毛の隙間に空気を厚く貯め、空気を静止させるからあたたかい。

樹脂サッシは、ドイツで生まれた。ドイツは、最も南にある大都市ミュンヘンでも札幌よりはるか北に位置するほど寒い国だ。冬場の厳しい寒さの中でも、快適で省エネルギーを考慮した暮らしを実現するために開発された信頼のおけるサッシだ。

道しるべ
その7

無垢材の床

足裏にふわっとしたあたたかさ、日本人が求める床材

日本と西洋の住環境の大きな違いと言えば、日本では家に上がるときに靴を脱ぎ、西洋では靴を履いたまま家に入るということだ。私たち日本人にとって床とは、素足で触れる場所であり、直接座ったり寝転んだりと、安らぐための場所でもある。床材は特に、住み心地のよい家をつくるための重要なポイントになる。

「自然流健康の家」では、無垢の木をふんだんに使った家づくりをしているが、その中でも、床材の厚みを重視している。

なぜ三〇ミリメートルの厚い無垢材がいいのか、その答えは簡単だ。無垢材の主な特長は、空気を多く含んでいるので保温性や断熱性が高いこと、そして、湿気の

多いときは余分な湿気を吸収し、乾燥しがちなときは水分を吐き出す調湿作用があることだが、厚みがあることでこうした性能すべてが高くなるためだ。

冬場、「自然流健康の家」に入ると、いつでも足裏にふわっとしたあたたかさを感じられる。昼間太陽光線であたためられた床は夜になっても熱を保温できるため、部屋の温度が下がってきても、床板からの熱を感じることができる。特に素足で立つと、そのぬくもりは気持ちがよいものだ。室内の気温が多少低いときでも、頭寒足熱の過ごしやすさがある。もちろん、免疫力を下げてしまうような床暖房は必要ない。

大工は冬場も屋外で仕事をする。現場は火気厳禁。これは鉄則なので、冬場まったく寒くないと言ったら嘘になる。ただ、一度構造が建ち上がってしまうと不思議と寒さを感じない。体を動かす仕事だし、緊張感もあるため、寒さを感じづらいということもあるだろうが、現場に行くと、やはり、無垢材の高い保温力の賜物だと感じずにはいられない。

「無垢材はあたたかい」とよく言われるが、木々が真夏に直射日光を浴び続けても、熱くなるようなことがないことからもわかるように、夏場は体に馴染むヒンヤリ感を与えてくれる。調湿効果があるため、素足で歩いても、寝転んでも、嫌なベトつきはまったく感じない。その涼しさと香りはまるで森の中にいるような気分にさせてくれる。

夏なら余分な熱が入ってこないし、冬なら室内のあたたかさを逃がさない。こうした無垢材の性能は、断熱材セルローズファイバーの力とコラボレートしてさらに強化される。

膝や腰への負担を軽減する床

無垢材の持つ「衝撃緩和効果」も床材に適していると言える。

硬いコンクリートの上を歩いていると、どうも脚が疲れると感じたことがあるだろう。これは、コンクリートは足から受ける力を吸収せず、そのまま足に跳ね返してしまうためだ。体重の約二・五倍もの衝撃が足腰にかかると言われている。

一方、無垢材は、パイプ状の細胞が集まってできているため、衝撃を受けると柔軟に変形してクッションのような役目をする。そのため、とても歩きやすいし、座っても寝転んでも、私たちの体を優しく守ってくれるような感覚も得られる。もし転んでも痛くないし、モノを落としても壊れにくい。床材を上手に選ぶことは、赤ちゃんから高齢者まで住む人の健康を守ることにつながる。

自然素材ならではの副産物

無垢の床材は日々の生活を心地よくしてくれるが、工業製品に比べれば、模様や色合いが一定ではない。時間とともにゆっくり変化していくし、傷つきやすいのも事実だ。こう言うと、あまりよくないイメージを持つ方もいるだろう。しかし、これこそ自然素材の「味」であり「特長」なのだ。

無垢材はひとつとして同じものがない、同じ檜、同じ杉であっても、それぞれの木が個性を持っており、木目も板目も香りも異なる。節の違いや板目の違いは、大人にとっては節や板目にしか見えないかもしれない。しかし、想像力が豊かな子どもはその中に雲や波、動物など自分で世界を見つけ出す創造力を発揮するのだ。

「あ、猫だ！」「こっちはパンダみたい！」

特別な教材など使わなくとも、子どもの感性はこうやって育っていくのではないだろうか。

そして、子どもの成長、家族の喜怒哀楽、ペットのいたずら……すべてを床に刻み〝古美《ふるび》て〟いく。工業製品は劣化あるのみ。無垢材の床は、それ自体が暮らしの思い出アルバムになっていく。

道しるべ その8
自社大工の熟練技

全国的に減っている自社大工

大工の親方のことを「棟梁」と言う。昔は、この棟梁が、お客さまから家づくりを任されたら、弟子を育てながら家を建てた。棟梁は弟子に仕事を「させる」、弟子はそれを「する」。その中で大工の七つ道具である曲尺《かねじゃく》、墨壺と墨さし、のこぎり、玄のう、カンナ、ノミなどを使えるようになり、木のクセを読めるようになり……一人前になっていった。

また、建て主を指す「施主」という言葉は、「施す人」という意味を持つ。昔、大工は、専門性が非常に高い技術を体得していたため、お客さまが職人を大切に育てようと考えてくれた名残だと考える。朝、現場に行けばお茶を、昼には食事を、夜はお酒までふるまってもらった。当時はまだ国民食ではなかったラーメンを初めて食べさせてくれたのも施主だった。毎日こうやって施主家族全員が職人をあたたかく迎え入れてくれたことは、その気持ちに応えたいという思いにつながり、職人としての技術を高めてくれたように思う。

今の家づくりの主流は、工業化住宅だ。伝統技術である墨付や手刻みなどを学んだ私たちからすれば、とても大工さんとは言えない技術や知識で新築住宅がつくられる。ツー・バイ・フォーなどの家づくりから勉強を始めた若い大工は、無垢材を触ったことも見たこともないと言う。特に勉強をする機会も与えられないままに、その状況が当たり前になってしまっているのかもしれない。今となっては、道具を使った伝統の家づくりができる大工は、非常に貴重な存在なのだ。

そして、時間と労力を使って腕の確かな自社大工を育てなくても家がつくれるとわかったため、多くの工務店が自社大工を抱えることをやめてしまった。今、現場にいる大半の大工は、依頼があれば働く外注大工だ。

外注なら、働いた分だけ手間賃を払えばいいので、仕事があってもなくても給料や福利厚生費、そのほかの経費を払い続けなければならないという問題を解決できる。家の工法の変化とともに職人の在り方も様変わりした。

本物の家づくりを技術と心で継承

少しグチっぽくなってしまったが、私は今も変わらず自社大工を大切にしている。それは、無垢材や自然素材を使う家づくりは、知識、技能、経験どれをとっても、とても外注大工に任せられるような仕事ではないためだ。最終的には、経験知識が豊富な大工に一日の長がある。

弊社には、自然素材を使った家づくりがしたいという志の高い大工が入社してくる。彼らは、昔の大工と同じように現場で学んでいく。日々木に触れて、ノミやカンナを使う伝統的な家づくりをイチから身につける。天然の木に触れ、材木の良し悪しを判断する能力を育み、木のクセを読む力をつける。実際に経験をして、一つひとつ職人の技を身につけていく。

日本の風土にベストな伝統の「木造軸組工法」

基礎・土台が完成したあと、その上に柱や梁といった構造材を組み上げていくことを「建て方（上棟）」と言う。この作業で家の骨格がはっきりと見えるため、見学に来るお客さまも多い。自分の家がはっきりとした形になる瞬間を確かめると、みなさん感動や喜びの言葉を口にする。

「自然流健康の家」には「木造軸組工法」を取り入れているが、これは、柱や梁といった軸を組むことで家の強度を出す日本伝統の工法だ。軸を組むとは、凸であるホゾと凹であるホゾ穴が刻まれた部材をピシャッと挿していくことだ。昔の日本家屋には、壁がほとんどなく、各部屋を仕切っているふすまや障子などの建具すべてを外すと家全体がひとつの大きな箱のようになるという特徴があるが、これは骨組みが強いからできることだ。骨組みを強くし、開口部を大きく取れるようにすることで、風と空気の通りを良くして高温多湿な日本の夏に備えていた。現代の木造軸組工法は、建築基準法に従いながらも、同じように軸を組むことを基本に強度を出す。作業では、大工同士の信頼関係、そして慎重さかつ手際のよさが求められる。世界一古い木造建築、法隆寺の修復を担当した宮大工・西岡常一氏は「木の癖組は人の心組」と言われた。

　木造軸組工法は骨組みで強度を出すため、壁の量で構造強度を高めるツー・バイ・フォーと比較すると、設計

技量はもちろん、大工同士の信頼関係も求められる木造軸組工法。

の自由度が高まるし、さまざまな立地や敷地条件に対応することもできる。ただ、工法としては複雑なため、大工の腕によって家の出来栄えに大きな差が出てしまうのも事実だ。経験と技術を持った職人の手にかかれば、耐久性を持ち、かつ意匠に富んだ家づくりが可能になる。

無垢材の醍醐味「あらわし天井」は大工の腕の見せどころ

「自然流健康の家」には、腕のある自社大工がいるからこそできるさまざまな建築技法を取り入れることができる。そのひとつが「あらわし天井」だ。

「あらわし」とは、普通は仕上げ材によって隠してしまう構造部分を現すことだ。通常、天井をつくるときに大工が気にするのは、むくり具合を考えることくらいだろう。しかし、構造材が見えるあらわし天井は、板材の切り口ひとつをとっても精巧さが求められ、大工にとってみれば腕の見せどころだ。

実際に見学会でその天井を目の前にすると、みなさん見入ったようにしばらくの間、顔を上に向ける。そして「梁が見えていると印象がぐっと強まる」「迫力があるのに、ずいぶんと気持ちが落ち着くのがおもしろい」など感想が挙がる。木のクセがわかる大工があらわし天井をつくると、無垢材ならではの素朴さや力強さを存分に際立たせることができるため、家の見せ場とも言える場所になるのだ。また、無垢材の持つ性能を発揮させ、長持ちさせるためにも有効な技法と言える。

設計図には落とし込めない大工の技「サネ加工」で無垢材の性質を活かす

天井や床など板を敷き詰めて貼っていくとき、板は下地に打ちつけるだけではなく、隣の板ともしっかり連結する。具体的には、板の断面の一方を凸、反対の辺を凹になるように加工しておき、これらを噛み合わせてずれないように連結させていくのだが、これを「サネ加工」と言う。

〝連結〟と言うと、「木が湿気を吸ったり吐いたりするなら、逃げ道がなかったら、湿気を吸った板が膨らんで、例えば天井や床が盛り上がったりしないの?」と疑問を持ったり、心配をするかもしれない。線路のレールを敷くときには、あらかじめ継ぎ目に隙間をつくっておく。もしこの隙間がなかったら、夏場など、暑さでレールが盛り上がってしまい事故の原因になるからだ。木の家にもこれと同じ工夫が必要なのだ。

確かに連結部にまったく余裕がなかったら、夏場の線路のようなことが起き得る。湿気を吸った板が膨らみ、ポッコンと「突き上げ」ができてしまう。無垢材の性質を学んだ大工なら、この理由は理解できる。しかし、実際に木の伸び縮みを計算に入れる仕事は、ベテランの大工にしかできない。ベテランの大工は、サネ加工をする際、家の乾燥が進んでくると隙間が広がり、湿気の多いときには詰んでくるという木の伸び縮みを見越して、しめたりゆるめたり、わずかな余裕を残す技術を持っている。「自然流健康の家」でもこの技術と経験が活きている。

小僧の頃、天井を見上げる姿勢でムラなく板を貼っていく先輩大工の仕事を目の当たりにして、興奮したことは今でも覚えている。無垢の木の前で、大工の仕事にごまかしはきかない。

道しるべ
その9

熟練大工の腕が高める耐震性

耐震性を高める稀少な技法「全面ラス板斜め張り」

私たちの建築途中の家は、ある日突然、ログハウスのような見た目になる。近寄ってみると、家の外壁に幅一〇センチほどの板材が一枚一枚斜めに張り込まれていることに気づくだろう。これは外壁の下地材で「ラス板」と言う。

外壁をつくるとき、柱の上にいきなり何かを塗ることはできない。そのため、まず柱の外に下地となるラス板を張って、その上にフェルトと二層のラスという網を順に張り、モルタルを塗れる状態にする。

通常の建築では、ラス板は地面と水平に並べて張る。しかし私たちは、板材を柱と柱に斜めに渡して上から釘を打ち、二〜三センチというわずかな隙間を空けて張る。こうして家全体を斜めに張った板で覆う。作業は早いため、簡単に張っているように思えるかもしれないが、実は緻密で難しい作業だ。ちょっとの手ぶれで角度がずれてしまう。「全面ラス板斜め張り」は熟練技のひとつなのだ。

また、規則正しく張られたラス板は、その隙間に陰影をつくり、本当に美しい。仕上がりを見ると、デザインのひとつ？　と思うかもしれない。だが、下地なので最終的には完全に見えなくなってしまう。

全面ラス板斜め張りでしか出せない耐震効果

私たちがなぜ、手間も技術も必要な「全面ラス板斜め張り」を取り入れているのかと言うと、家に二つの効果をもたらすためだ。

ひとつ目は、耐震性を高めるためだ。

耐震性のキーワードのひとつに「耐震壁」がある。これは建物への横からの力を支える壁のことだ。地震には縦揺れと横揺れがあるため、それぞれに対処できるのがよいと思われがちだが、実際には横からの力への対処がポイントとなる。というのも建物には、建物自体や家具の重みなど、常に上から重量がかかっており、これに耐えられるように設計されているため、垂直方向の力に対しては強い傾向がある。つまり、横揺れや暴風など横からの力にどう耐えられるかが重要だと考える。

木造軸組工法では、建築基準法に従い、建物に「筋交《すじか》い」を入れる。筋交いとは、柱と柱の間に斜めに渡される太い補強材のことで、これを入れることで耐力壁をつくることができる。さらにここにラス板を斜めに張りめぐらせると、骨組みと一体化した面の強さが加わり、建物全体に非常に粘り強さが発揮される。もしものとき、家全体で揺れを軽減できるようになる。

地震に強いと宣伝する工法の中に「ツー・バイ・フォー」がある。これは壁工法という言われ方をするが、柱でなく壁面で支えるため地震に強いと説明する。「筋交い」プラス「ラス板斜め張り」は、これに対する私なりの現場の知恵である。

ふたつ目の効果は、壁全体に空気の通り道をつくることだ。

ラス板を張るとき、板と板の間を二～三センチ空けるが、これにより内部に空気の流れをつくる。この溝を空気が通り、最後は棟や軒天の換気口から抜けていくため、湿気がこもってムレたり、カビや内部結露が発生したりといったことを防げる。

また、ラス板の内側には透湿シートが張られ、セルローズファイバーが充填されている。調湿効果を十分に発揮させるためにも、湿気がこもらないようにする。隙間は、壁全体に張りめぐらされた風の通り道、毛細血管のような働きをする。

道しるべ その10

「自然流健康の家」の畳・壁紙

〝本来の畳〟を継承する「あんしん健康畳」

私たちは、内装材も自然素材であることにとことんこだわっている。畳は、「健康畳植田」で製造される「あんしん畳」を標準で取り入れている。農薬や殺虫剤を使わずに自然農法で栽培したイ草を使うのはもちろん、防虫・防カビ対策など全工程で安心・安全を徹底した畳だ。そのため、表面を雑巾で拭いても、天然染土の色である茶色になる。青臭い薬品の匂いがすることはない。

健康住宅セミナーではあんしん畳と化学建材の畳の違いを体感していただく。「化学物質の有無からくる違いは頭ではわかるけど、感触もそんなに違うの？」と思うかもしれない。しかしその違いは明らかだ。

化学建材の畳に座ると、ゴツンとした芯の感触に気づく。立って歩いてみると、足裏や膝が突き返されるような感じもある。一方、あんしん畳からは、自分の体が畳にじんわり沈み込んでいくような感覚が得られ、自分が受け止められているような気持ちさえしてくる。

鎌倉時代や室町時代、畳は高貴な身分の人の屋敷の奥座敷に一枚だけ敷かれており、その上に身分の高い人が座っていた。つまり、畳というのは、日本で生まれた一種のクッションである座布団なのだ。「畳は硬い」という先入観を持っている方は、あんしん畳のやわらかさに非常に驚くが、畳はそもそも座布団なのだから、やわらかさを感じることは不思議なことではない。

この違いを生むのは、畳表のイ草だと思いがちだが、実は芯材に使われている稲ワラの性質だ。化学建材の畳の芯材はポリスチレンフォームだが、あんしん畳は昔ながらのワラを使っている。稲ワラを圧縮した芯材が入ることで、独特の弾力が生まれる。

天然のイ草なら安心？

あんしん畳に使われるイ草は、九州・八代の農家と直接契約して仕入れているものだ。

今、国産のイ草の九〇パーセント以上がこの八代産だ。ただ国産のイ草は日本で使われているイ草のわずか一〇パーセントで、九〇パーセントは中国から輸入されたものだ。ところが、国内で加工すれば、輸入物のイ草だろうと国産品扱いされる。農家と直接契約しなければ純国産の信頼できる品質は確保できない。

では、なぜ純国産でなければいけないのか？　それは、中国のイ草栽培には残留農薬の問題があるためだ。八代の契約農家は自社でブレンドした有機肥料を使ってイ草を育てている安心感があることに対し、中国では、複数の農家がつくったイ草がまとめて工場に届けられるため、どの農家がどれだけ農薬を使って育てたかまったくわからない。それに農薬はシックハウスに関する規制の対象外。お客さま自身か業者が自主的に調べない限り、残留農薬の量は未知数なのだ。畳会社の中にはデータを示して「安全です」と言うところもある。けれど、たいていは自社で調べた結果ではなく、原料メーカーが倉庫単位で抜き取り調査をした結果を示しているだけ。畳会社が安全というデータを示してきたら、その人がちゃんと測定器具を持っているかどうか見せてもらったほうがいいくらい信頼できないものだ。

健康畳は原料である稲ワラの放射性物質の自主測定もおこなっている。関心が高まっているため、芯材をつくるメーカーでも測定しているが、倉庫単位での測定や抜き取り検査に留まっている。目の

九州・八代の農家が生産するイ草を使った「あんしん健康畳」。

前にあるその素材が安心かどうか、それを確かめるためには、自分のところで測定するしかないと考えての取り組みだ。幸いなことに、今は震災前と値に変化はなく、異常なものも見つかっていない。しかし、異常があればすぐに出荷をストップさせ、安全な素材を探して切り替えるつもりだ。

自然素材でも十分なダニ対策ができる

イ草や畳の安全性までの品質が確保できても、室内に納められたあとの品質までが確保できるわけではない。ダニ対策をしなければならない。ダニは自然界のいたるところにおり、家の中にいるダニはほとんどが光を嫌い、日光や照明などが当たらない場所に潜りこむ性質を持つ。そのため、どんな畳であっても湿気を吸えばダニを集めてしまう。ダニの害は刺されたときのかゆみに留まらず、喘息の発作、アレルギー症状にもつながるため、しっかりとした対策をしなければならない。

現状では、畳に防虫剤をしみ込ませるダニ対策が当たり前になっている。防カビ剤も当然のように使われている。だが畳は、赤ちゃんからお年寄りまで家族みんなが素肌で触れ、場合によっては赤ちゃんが舐めてしまったりすることもある場所だ。薬を使わない対策がされるべきだ。そこで健康畳が独自に始めた対策が「熱処理」だ。

畳の芯の温度が七〇度程度になるまで加熱し、そのまま数時間、熱を加える。熱処理をしたあと、乾燥状態の畳の下に虫よけ効果のあるよもぎエキスなどの漢方素材を塗った紙を敷き込む。この紙は物理的に虫の侵入を防ぐ効果があるため、数年おきのメンテナンス時に加熱処理とシート交換をすれば、ダニを極力発生させない。

無垢材との組み合わせで寿命が延びる

ただ、こうした熱心な取り組みをしていても、畳は、畳を敷く床面に張られている材料によって安全性や寿命に差が出てしまう。床面の板が合板で蒸れやすい場合、本物の畳はすぐに湿気を吸ってしまい、ダニを集めやすくなってしまう。しかし、無垢材の板材なら調湿効果があるため、長期間安心できる。

実際、「健康畳植田」では張り替えのときに水分計で畳の水分を測定しているが、横浜界隈では一八パーセントが平均なのに対し、「自然流健康の家」では一五パーセント以下。この三パーセントの差はとても大きいのである。

結露やカビの発生を抑える、自然素材の壁紙「ルナファーザー」

本物の自然素材の家をつくるには、壁の仕上げ材選びも妥協できない。壁紙選びを間違うと、壁紙を張りつける接着剤が変色して壁のあちこちにシミができるといった見た目の問題が起きてしまうことに加え、その接着剤の素材や壁紙自体の成分がシックハウス症候群を引き起こすことがある。壁紙は施工面積が広いだけに、有害物質を含んでいれば家全体に影響を及ぼす。

通常よく見かける壁紙は塩化ビニールクロスであり、接着剤にはホルムアルデヒドや揮発性有機化合物が混じっている。法律で定められている基準は守られているとはいえ、これは誰もが影響を受けないことを保証する値ではない。安心できる家を手に入れるためには、厳しい目で壁紙を選ぶべきだ。

「自然流健康の家」の標準は、環境先進国ドイツで一〇〇年以上の歴史を持つ「ルナファーザー」と呼ばれている内装材である。木片をすきこんだ再生紙で、糊や塗料にも有害物質は一切含んでいない。最大の特長は「呼吸する壁紙」ということだ。〝木片をすきこんだ再生紙〟であるため、通気性、吸放湿性に優れており、こうした性質を持つため、結露やカビの発生を抑えることもできる。また、再生紙や端材や間伐材をうまく利用してつくられているため、資源の有効活用にも貢献していると言える。

「自然流健康の家」に住む方に話を伺うと、みなさん「まったくべとつかない」と口を揃える。中には、「新築から二年過ぎた頃、キッチンを大掃除して気づいたのですが、同じキッチンにある壁掛け時計はべっとりなのに、ルナファーザーの壁はまったくべとついていませんでした」という声もあり、健康面の安心感に加えて、住み心地の良い室内環境づくりに貢献していることが窺える。

メンテナンスやリフォーム時にはそのまま塗り重ねることができ、再塗装は七〜八回可能なことも特長と言える。家に住む人の年齢はずっと同じではないし、メンバーが変わるのも自然なことだ。一〇〇年品質の家だからこそ、こうした変化や好みにも対応できる壁紙は良いと考える。

もちろん見た目も美しい。木片をすきこんだ壁紙なので、わずかな凸凹ができるが、それがまた良い。この凸凹が細かな影をつくり立体感を生むため、やわらかい色調でも落ち着きある空間や重厚な雰囲気に仕上げることができる。

道しるべ その11
断熱と遮音性能を持つ吸気口

細部にまで住み甲斐を追求するために必要な「静寂」

シックハウス症候群の問題を受け、室内の空気を強制的に換気する二四時間換気システムの設置が義務化された。法制化後に新築された家には、吸気口があり、窓を閉め切っていても外の空気を取り込めるようになっている。

多くの吸気口は中と外が同じ位置にあるため、「騒音やホコリが直接入ってくる」「吸気自体の音が不快」といった問題が起きる。また、特に冬になると「吸気口からの風が寒い」「吸気口を閉じたいけど、結露の心配が……」という設計トラブルに発展しかねないような問題も後を絶たない。

　私たちはこうした問題を解決するため、自然素材の炭化コルクを使った吸気口を考案した。炭化コルクは、一立方メートルあたり四〇〇〇万個もの空気を内包した微細な細胞から構成されているため、断熱、吸音性能に優れている。また、吸気口なので、家の中からのぞくと外が見えるだろうと思うかもしれないが、穴の位置をずらしており、外部からの騒音とホコリをカットする工夫もしている。

　最終的には、吸気口の穴には掃除可能な集塵フィルターを取りつける。以前には考えられなかったさまざまな汚染物質が心配され、小さな子どもがいる家庭では洗濯物を外に干すことにも悩む時代、こういった家と外を隔てながら接する部分はおそらくこれからも大事になってくると考える。こうして細部にもしっかり目を向け、住み甲斐が出るように真摯に取り組んでいる。

道しるべ その12

無垢材を使うことがあなたの体と環境を守る

自然素材の家はエコな家

① ゴミにならない・ゴミを出さない家

「いい家」とは何か？　これまで、家は住む人の健康を守る器であるべきだとお伝えしてきた。

今、日本の家の大半を占める化学建材の家の寿命は、諸外国の家に比べて極端に短く、三〇年程度と言われている。築三〇年経っても、外から見る限りでは、まだ当分の間は問題なく暮らせるように思えるが、化学建材の家のいたるところに使われている接着剤は二〇年から三〇年で劣化し、剥離していく。つまり三〇年経つと、家はいつ崩れてもおかしくない状態になってしまうのだ。

また、化学建材に使用されている接着剤は、湿気に非常に弱いばかりか、吸放湿の機能が低いため、必然的に家の内部に湿気を溜め込む。逃げ道を失った湿気は、家を傷ませ、腐らせ、カビ、ダニを呼び寄せたりもする。日本の気候の特徴を無視した建材であることも、家を短命にしている。

寿命を迎えてしまった家は取り壊すしかないが、その廃棄物の量は膨大だ。化学建材は土に還らないため、すべてが焼却処分される。燃やしても埋めても、有害物質を発生させ、大気や土壌、水源を汚染する。化学建材の家は、子の世代、孫の世代に受け継げないばかりでなく、一代限りで膨大な産業廃棄物となり果てる。

日本古来の建材・工法で建てた「自然流健康の家」の寿命は、手入れをしていけば一〇〇年品質。将来寿命を迎えても、自然に還る建材ばかり。無駄な資源の消費をしないし、環境を汚染することもない、時代が求める家なのだ。

②　木をたくさん使うと大気中の二酸化炭素が減る

「『自然流健康の家』が、ゴミにならない・ゴミを出さないことはわかる。けど、無垢材を使うことは森林伐採。環境破壊でしょ?」と考える方がいるかもしれない。しかし、これは大きな誤解だ。環境破壊や地球温暖化は二酸化炭素などの温室効果ガスによって引き起こされているという説が主流だが、実は、大気中の二酸化炭素を減らすためには、木を切ることが欠かせない。木を切ることで、植林をすることで、地球環境はより良く守られる。

地球大循環の法則

学生の頃、「植物が昼間、太陽の光を受けて、水と二酸化炭素を吸収して酸素を放出することを〝光合成〟という」と習った。私たち人間が吐き出す二酸化炭素を植物が吸収して酸素をつくりだしてくれることが驚きや感動となり、強く記憶に残っている方も多いだろう。では、同時に「植物も呼吸をしている」と習ったことを覚えているだろうか? 植物にとって酸素をつくりだす働きが光合成であり、栄養を使う働きが呼吸だ。

成長期の樹木は、ぐんぐん伸びて葉を茂らせていく。成長している間、光合成は活発で、二酸化炭素をたくさん吸収し、酸素をたくさん放出する。二酸化炭素吸収量は二酸化炭素放出量を大きく上回るため、成長期の樹木は二酸化炭素を減らしてくれる。一方、ある程度大きくなってほとんど成長しなくなった樹木の光合成の働きは弱まる。二酸化炭素吸収量は減っていき、ついには放出量と釣り合ってしまう。うっそうと茂る森林のほとんどは、いくら広大であっても、すでに二酸化炭素の吸収は期待できない状態になっている。森林を伐採せずにどんどん増やせば二酸化炭素が減るという思い込みは、〝木を見て森を見ず〟といったところではないか。

では、どうしたら樹木は二酸化炭素をたっぷり吸収してくれるのか？　ここで重要になるのが、日本で古くからおこなわれてきた「林業」だ。

林業では、根こそぎ伐採してしまうようなことはせず、六〇～七〇年かけて十分に木を成長させてから伐採し、木材にする。収穫する・植える・育てるの循環を大切にし、手入れがきちんと行き届いた森林を常につくっている。林業が適切におこなわれている森林では大半を成長過程にある樹木が占めるため、二酸化炭素を減らすることができる。

林業の営みがもたらす効果はこれだけではない。森林を放っておくと、木立の間に日光が差し込まず下草が生えないし、枯れ木などに覆われてしまう。これは土砂崩れなどを引き起こす原因になる。しかし手入れがされれば、樹木や下草が強く根を張り土壌を押さえるため、雨による土壌の流出や土砂崩れなどを防ぐことができる。また、しっかりとした土壌は貯水効果が高く、川へ流れ込む水量を調節・緩和することができるし、しっかりとした土壌が雨水を濾過し、水質を高めてくれる。

日本は、国土三八〇〇万ヘクタールのうち、約二五〇〇万ヘクタールを森林が占める。これは国土面積の約三分の二に相当する。日本は世界でも有数の森林国と言える。一九六〇年頃までは、九〇パーセントに近い木材自給率があった。しかし今では三〇パーセントを下回っている。戦後植えられた杉や檜などは本格的な利用期を迎えているにもかかわらず、ほとんどの森林で適切な整備がおこなわれず、放置されているためだ。

外材は、広大で比較的平坦な森で育つため整備しやすく、成長の早い種類が多いといった理由から輸入材が多く使われている。このまま日本の家づくりに国産材がふんだんに使われなければ、自然の循環が崩れて、山が荒れ果てていく。そうなれば二酸化炭素問題に土壌の流出、水質汚染と重なり、川や海もあるべき姿を失っていくだろう。虫や動物が住みかを失い、草花は滅び、人間にとっても生きにくい環境になっていくのは明らかだ。ここで復活に向かえば、日本の森林が健全な循環を取り戻し、地球環境までもが良い方向に向かうのではないかと考える。

林野庁では二酸化炭素吸収のために国産木材の利用を促進する「木づかい運動」というキャンペーンを展開している。「暮らしに木材を使った製品を取り入れて、日本の森林を育てるエコ活動。国民がもっと木材を使いお金を森に戻すことで、間伐など森林の手入れが行き届き、二酸化炭素をたっぷり吸収する元気な森林が育まれます」と訴えている。国産木材の利用は国を挙げて取り組んでいることでもある。

私たちの健康住宅セミナーには、「地球にやさしい家を建てたい」という理由で参加される方が増えているように感じる。家族にとって住み心地のよい家であるのはもちろん、地球環境の保全にも貢献できるというのは、とても気持ちのよいことではないか。子や孫世代に感謝されるような自然環境を残すのは大人の責任だ。

「住めば住むほど住む人が健康になる家」「建てれば建てるほど地球がきれいになる

家」を社会に広げていきたい。

道しるべ
その13

つくり手の責任の見える化

家の完成はゴールではなくスタート

私たちは、家が無事に完成すれば終了とは考えていない。むしろ、完成してからつくり手と住み手の一〇〇年を超えるお付き合いが始まると考える。これは、大工をはじめとする職人の仕事の結果が本当にわかるのは、実際に住んでからであり、完成後、何年も経ってからわかることであるからだ。

完成後の住み心地にも責任を持ち、アフターメンテナンスもしっかりおこない、完成後の住まいを守っていく。その責任を感じてこそ、いい仕事ができる。

本当に安全で安心できる家を引き渡すために

引き渡し時にはホルムアルデヒドの濃度測定をおこなっている。より正確な結果を得るため、気中濃度は検知器で、床・壁・天井などの建材や家具から出るピンポイントの量はマークシートで測定する。「自然流健康の家」では、シックハウス症候群の原因物質とされるホルムアルデヒドについて国の基準値〇・〇八パーツ・パー・ミリオンを下回る〇・〇一～〇・〇二パーツ・パー・ミリオンの濃度測定結果を実現している。本当に安全・安心の家を自信を持ってお渡ししている。アレルギーや喘息、頭痛などシックハウス症候群特有の症状からご家族を守るためだ。

「自然流健康の家」の前身は、「長寿健康住宅」。私は、シックハウスにしない家づくりに取り組んできた。志をひとつにする仲間と「ＳＨＳ友の会」も発足させた。これは「シックハウスにしない」を略した三文字であると同時に、「生命」「平和」「自然」の頭文字でもある。医学界では「ＳＨＳ」はシックハウス症候群の略であると聞いている。業界全体の取り組みもあり、以前に比べればシックハウスの問題は改善されているとはいうものの、これからも初心を忘れることなく、取り組みを続けていきたい。

　さらに私たち建築関係者全員が、自分たちでつくった家は自分たちが守っていこうと、取引量に応じて一定の資金を出し合い、瑕疵補償制度を設け、末永いお付き合いを実現している。家をつくるすべての関係者が「手間かけ・暇かけ・気を入れて」家づくりに自分の持つ能力を最大限に発揮することに誇りを持つこと。これらの姿勢を具現化している。

引き渡し時にはホルムアルデヒドの濃度を測定。

道しるべ
その14

よい工務店を選ぶための手がかりを見つける

家づくりの価値観を見つけて欲しい

私たちは家づくりセミナーを定期的に開催しているが、セミナーに込める一番の思いは、「みなさんに知識を蓄えて欲しい。しっかりとした選択眼を身につけていただきたい。巷の情報に振り回されず、ご自身の物指しで比較検討し、失敗しない家づくりを実現して欲しい」ということだ。

通常は講演と実演セミナー、別の日に工事中の家と完成した家を回り、たっぷりと学んでいただく。どんな建材を使った家ならシックハウス症候群を起こさないか、健康を守ってくれるのか、良い木と悪い木、断熱や断熱材のこと……。六〇年という長い期間、建築業界に身を置く中で見てきたこと感じたこと、何が本当で何が嘘なのかを偏りなくお伝えしている。一度参加すると、「一から学べる」「家づくりは奥深い」「知らないのは損」と言って、忙しいスケジュールの合間を縫って、全テーマに参加してくれる方が多い。

そしてセミナーに参加するお客さまの中には、家づくりを考えていろんな知識を得るうちに、多くの一般的な家づくりについて疑問や違和感を持った方もいる。「何もわからず大海に飛び込んで、旅を続け、やっとたどり着いた島にはものすごく美しい景色が広がっていて、そこには『自然流健康の家』が建っていた」と表現されたお客さまもいた。

ひとつ特徴として、この住宅セミナーでは、あえて参加料をいただいている。はじめは「えっ?」という顔をする方もいる。私たちは、無料で招待しているように見せておいて、施主に黙ってその費用を建築費用に上乗せするようなことはしたくないと考え、この選択をしている。住む家が幸福を生み出す。安心な住まいをつくって欲しい。さらに家と食べ物は健康というキーワードでつながるため、住宅セミナーで食の話をする。これは特別なことではないと考える。

道しるべ
その15

家づくりを通して家族の絆を深める

思い出を一緒につくる

家のできあがりをただ待つのではなく、家族みんなで「できる過程」も楽しんで欲しいと考える。

建築工事に取りかかる前に、国造りの大御神さまにその土地を使わせてもらうことの許しを得て、工事中の安全と無事な完成を祈り、そして、家族が健康で幸せに暮らすことができますようにと祈る「地鎮祭」をおこなう。

クライマックスの儀式は、「鍬《くわ》入れの儀」だ。施主、施工者がともに「エイ、エイ、エイ」と大きな声を出して盛砂を三度作業する仕草をおこなう。古くは、建物を建てる前の手付かずの土地に生い茂る草を鎌で刈り、土を鍬で掘り起こして、鋤《すき》で平らにならしてから家づくりをスタートさせたことに由来すると言われている。

近年では「地鎮祭のやり方がわからない」「鍬なんて持っていない」という施主もいる。そういった方にも気持ち良く参加していただけるように、すべてを準備している。こうした行事やイベント、工事の細部まで記録し、CD写真集にして家の完成時にプレゼントしている。子どもの成長を記録した写真集のように、一家の宝物にして欲しい。

家づくりは学びのチャンス

岐阜県高山市の奥飛騨、三〇〇〇メートル級の山々が連なる乗鞍連峰。その峰々を見晴らす山麓に、自然体験施設「太陽の家」を建設、管理、運営している。地域の山で育った木材を使い、日本の伝統技術を駆使して、三〇〇年は持つ古民家になる家を後世に残すこと。それは私の長年の夢の実現だった。無垢材大断面の柱や梁を用いた木造平屋、越屋根つくりの建築面積一三二坪の純木造建築物である。「自然流」の考え方を徹底して取り入れており、冬季は零下二〇度にもなる厳寒の土地で私たちの実力を検証してみたかったこともある。そんな中で、信じられないかもしれないが、ストーブ一台だけの暖房器具で過ごすことが実証できた。私たちこばじゅうの大工と飛騨大工の苦心の合作だ。着工から一〇年経ったが、まだまだ未完成。これからさらにつくり込んでいくつもりだ。

この施設では、合宿セミナーをおこなう。食事は原則自炊。家のことを勉強するだけでなく、美しい星空を楽しみながら大宇宙の仕組みや日本伝統の暮らしを体験できる。資料館や記念館として近在に残されている江戸時代や明治時代の古民家を見学したり、一般

後世に残すため、日本の伝統技術を駆使してつくった「太陽の家」。

では入れない中部山岳国立公園内の原生林を探索したり、周囲の自然を満喫したりすることもできる。敷地内では、コゴミやワラビ、タラの芽など季節の山菜が自生している。囲炉裏を囲んで宿泊者みんなが新鮮な食材に舌鼓を打ちながら食事ができるのも自慢のひとつだ。家づくりはお客さまにとって人生最大の学びのチャンスであるとも考える。ぜひみなさんに活用して欲しい。

人生は楽しいことばかりではない。ある程度の失敗や苦労を共有する。住んでからも家族みんなでいろんな経験や感動を共有できる。素晴らしい人生を満喫して欲しいものだ。

第三章

「自然流健康の家」に住む人の声

環境のスペシャリスト・山崎敏久さんへのインタビュー

「自然流健康の家」を建てた神奈川県川崎市に住む山崎敏久さんに建設前、建設中、建築後について話をお聞きした。

山崎さんは、四〇年にわたり環境測定の仕事に携り、多くの事業所を指導された実績を持つ、環境のスペシャリスト。日本、そして世界を取り巻く数々の環境問題、さまざまなエコへの取り組みなど幅広い知識をお持ちだ。

山崎さんへのお引渡しは二〇一〇年六月。現在は奥さんと猫と暮らしている。そんな山崎さんがご自身の住まいをつくるにあたり「自然流健康の家」を選んだ理由とは？　暮らしの中で感じていることとは？

――家づくりで特に重視したことはなんでしたか？

山崎　ずっと環境の仕事をしていますから、環境問題は私にとって人生の一部です。

ですから家づくりにおいても環境との関係を一番重要視しました。最初に考えたのは、断熱のことです。いくら室内で冷房や暖房をつけても断熱がよくなければ省エネは期待できませんからね。

――一年以上、私たちが開催する家づくりセミナーに足を運んでいただきましたね。

山崎　実はその何年も前から建て替えの話はありました。近所で大手の住宅メーカーがアパートを造っていて、そこの営業マンが来て「建て替えませんか？」と。以前の家には、結婚してから約三〇年住んでいました。だいぶ劣化が進んでいたし、家族も増えた。自分たちの人生を長い目で見て、ここらへんで新しい家を建てようという話をちょうどしていたところでした。それで、設計をお願いしてみました。でも値段の割に間取りなどに自由度がなく、期待するイメージには程遠く、しっくりこなくて乗り切れませんでした。

それから、自分でインターネットで調べ、いくつかの工務店を見に行くようになりました。一社目はエコをテーマにした工務店でした。新築の家を見学に行かせてもらいましたが、木材を組んだ軸組部分が隙間だらけだったのです。それが気になって気になって。木材は乾燥が進みますから、一〇年二〇年経って多少のひびが入るようなことはわかりますが、新築でこれはちょっとな、と。見学を終えて妻と話してみると、妻も同じところを気にして見ていたのです。強度的に問題はないという説明でしたが、お断りしました。

二社目もエコをテーマにした工務店でした。この頃、自分でエコな家づくりについて勉強を進めていて、OMソーラーにも関心を持っていましたが、このニーズと合致せず、二社目もやめました。

そして、三社目に行ったのがこばじゅうでした。OMソーラーについて聞いてみると、やっていないという話だったので、はて困ったなと思いました。でも話を聞いてみると、何も機械設備を使用しなくても涼しい、あたたかい、これが実現するなら一番いいのではとも思えました。考えてみれば、機械設備はなんでもランニングコストがかかる。一日、一ヵ月、一年、十年……積み重なるわけです。メンテナンスもあるし、故障もある。これがないのはいいかもしれない。それに無垢の木がいい！　真剣に話を聞いてみようと思いました。

――実際に家づくりが始まってからはいかがでしたか？　現場の隣のアパートを借り住まいにされていたこともあって、よく現場にいらしてましたね。

山崎　仕事柄、会社には建築に関わる人もたくさんいます。現場で見たことを彼らに話してみました。例えば、外壁のこと。施工を見ていたら、下塗りをしたあとにモルタルを施工する過程で編目のグラスファイバーを埋め込んでいた。長期的にひび割れしにくく、雨にも強くなるんですよね。これを話したら、「今の時代、そんなに手間暇かける会社なんて本当にあるの？」と言われました。自分の選択は正しそうだなと嬉しくなりましたね。

私が、現場の職人さんにちょっといじわるな質問をしたこともありました。すると「南側と北側では陽の当たり方が違う。水分が抜けやすい南側は若干水分を多めに、北側は少し固めにしている」と。なるほどそうなのかと納得させられました。それから、段取りがとてもいいと感じました。面が大きいから一人でやっていたらどんどん下地は固まってしまう。四、五人で効率よく仕上げていたのには感心しました。それにモルタル処理した外壁の上に、スイス漆喰というアルプス山脈で採れる石灰石を原料にした漆喰でコテひとつでさまざまな模様もつくってしまう。腕が良い。こういう職人を匠と呼ぶんだと思いました。

近所に住む左官屋さんは同業者の仕事が気になり、現場を覗いていたようです。

「ずいぶん真面目に丁寧な仕事やっているな」と驚いていましたよ。

――私は一緒に仕事をする仲間も大切にしています。それを感じていただけたようで何よりです。ところで、山崎さんは、室内と室外に温度・湿度計を設置し計測し、そのデータを毎月送ってくださいましたね。それも一年間！　あれには驚くとともに感動しました！

山崎　以前住んでいた家はグラスウールで断熱をしていました。断熱はしていたけれど、冬は寒くて布団から出るのが本当に大変でした。でも「自然流健康の家」で暮らしだすと、明らかに違う。確かにあたたかいぞ、と思いました。じゃあ、数字上では？　実際の断熱効果はどうなのか知りたかったのです。仕事柄、環境計測・分析や気象観測などの経験がありますから、それをもとに温湿度計を入手し、自宅の外気と室内の計測をおこないました。

――室内、室外、同じ場所で毎日一時間に一回サンプリングし、一ヵ月に一回パソコンに取り込みグラフにし、送ってくださったのですよね。冷房の影響でグラフがストンと落ちるといった人為的な変化には、コメントもくださいましたね。山崎さんからの貴重な情報で、快適な環境が本物であることが実証されたと思っています。

嬉しくて、大工特製の百葉箱をプレゼントさせていただきました。

山崎　本格的な百葉箱、ありがとうございました。それからは室外は百葉箱で、室内は四ヵ所で、計五ヵ所で計るようになりました。機器を設置したのは、一階和室の床の間。ここは、普段あまり使っていないので、生活熱の影響を受けづらい場所です。そして二階の寝室の壁。ここは和室の真上にあたります。あと、二階から三階に上がる階段、三階の柱です。

――グラフを見ると、外気温にほとんど影響を受けず、室温がほぼ一定なのがわかります。

山崎　そうですね。多少変化があったのは、階段。一階で温まった空気の流れ道になるため影響があるのでしょうね。全体的には、断熱効果の高さに感心しました。暖房、冷房の費用は以前より確実に減っていますから、省エネになっていると思います。

断熱できているということは音も遮っているということですから、騒音も測ってみたいという興味が湧きました。ただ、家の前に大きな道路があるわけでもないし、もともと周囲が比較的静かな環境なので止めました。

――今、在宅でお仕事をされていますね。今年の夏は平年より暑い日が多くありましたが、住宅環境はいかがでしたか？

山崎　あくまで「断熱」ですから、「涼しい」という表現が適しているとは思いません。ただ、日中ガンガン冷房を使うようなことはありません。扇風機で無理なく過ごせました。窓の位置や間取りを上手く組み合わせ、自然の風がうまく流れるように設計されていますよね。風の流れが良いことも、蒸し暑さのない住宅環境につながっているのだと思います。三階を仕事場にしているのですが、造りつけの棚は重宝していますよ。秘密基地のような雰囲気も好きです。ただ雨の日には洗濯物が並んでしまいますがね（笑）。

――これまで、冬の住宅環境はいかがでしたか？

山崎　冬に関しては「あたたかい」という言葉が合うと思います。散歩から帰ったときなどにすごく感じます。家に入るとふわっとあたたかいですね。暖房を使うのは、朝の一時だけです。あとは生活熱が十分な熱源になります。冬は本当に楽です。

――先ほどから猫が窓際で気持ち良さそうに寝ていますね。ペットも気持ち良い空間だと思ってくれているのでしょうね。

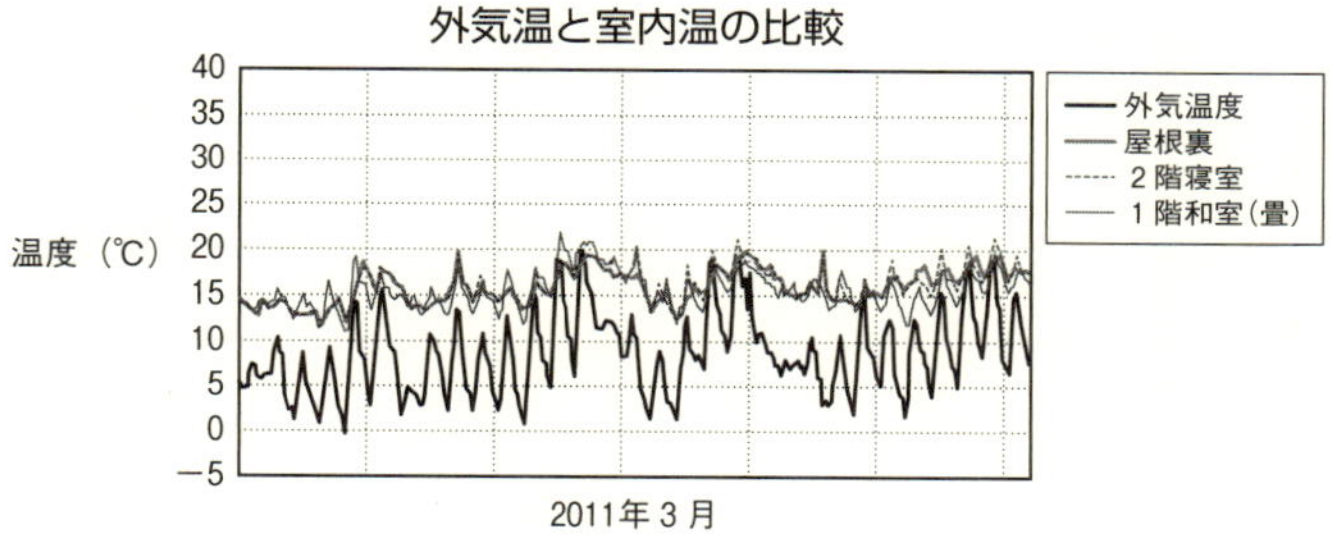

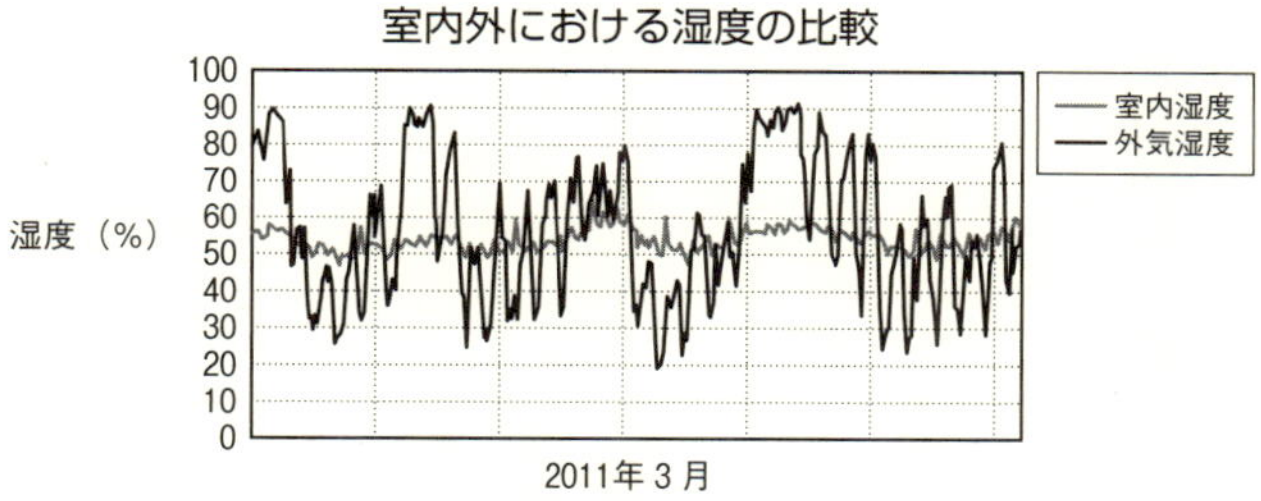

３月より室内湿度の計測は、１階和室（畳部屋）で実施している。
日常的に隣部屋の洋室を含め、日中の暖房はまったく行わない。
洋室の扉を閉めた状態で、朝晩にエアコンにより洋室の空調を実施している。

簡易型の温湿度計。
時々状況確認のため百葉箱を開けたときに温湿度を確認し、後日ロガーデータとの相似を確認している。

リチウムバッテリ式の温湿度計測器。設定は１時間に１回データをサンプリングする。
連続１年以上連続計測は可能である。

山崎　特注で畳ベッドをつくってもらえたことにも感謝しています。それも廉価。家具屋さんで買ったら一台二十数万円、夫婦で五〇万円ですからね。一台分以下の施工費で収めていただきましたね。二階の寝室に置いているのですが、布団を片づければ、畳の部屋で過ごすような感覚が得られます。若い人はフローリングを好むから、今後、子どもが戻ってきてこの家に住むことになったときには、建物自体には一階の一部屋だけが畳というのは良いと思うんです。ただ私たち夫婦はちょっと寂しいから、このベッドはいい。それに高さを合わせてもらったから、座って靴下を履いたり、ごろんと寝転んだりするのも楽。畳の上に布団を敷いてもこうはいきませんからね。

――畳は多少クッション性があるし、日本人とは馴染みの深いものですしね。ところで、この家に住まわれて六年目に入りましたが、満足度はいかがですか？

山崎　満足度は高いです。ただ、失敗したと思っていることもあります。照明や給湯器、便器……プランニングされているものを基本に選び、エコに成功していますが、浴槽選びは勘違いしてしまった。当時、家が断熱できているから、魔法瓶の性質をもった浴槽にしなくても大丈夫だと考えました。でもよくよく考えると、浴槽自体を断熱しているわけじゃないから魔法瓶の性質を持たせたほうがよかったなと思っています。でも、今は妻と二人暮らしなので、お湯が冷めてしまうようなことはありません。

毛の長い猫がいるせいで、トイレのドアのすべりが悪くなったことがありました。外して掃除しようとしたのですが、ドアが重い。さすが無垢材の立派なドアだと改めて感心しました。ただ、妻は一人じゃ持ち上げられないし、今後年を取ったら、うすっぺらい合板のドアが楽かも、なんて二人で笑いました。とは言え、軽さか価値かと言ったら、価値を選びますけどね。

――今後、息子さん夫婦と同居することは考えていらっしゃるのですか？

山崎　息子側に希望はあるようですよ。孫を連れてよく遊びに来ますが、「涼しい、いいなぁ」といつも言っています。二世帯を見越して二階に配管は通していただいたので、いざとなったらキッチンをもうひとつつくることはできますしね。そのときはご相談させてくださいね。

――お子さんの代、お孫さんの代、この家がどうなっていくか楽しみですね。今日はありがとうございました。

わたしの亡くなった義父は、福島県で大工の修業をしたこともある職人で、自ら図面を引き、整地をし、資材を運び、文字通り自分の手で家を建てました。

東京オリンピックの年でした。それから50年が経過し、更地にして家を建て直すことにしましたが、何とか義父の持つ家への思いは残せないか、と考えました。依頼したコバジュウさんはその思いを丁寧に汲んでくださり、もともとの家の欄間を新しい居間の欄間に据えていただきました。

また、農家をしていた義母の実家より取り寄せた欅の床板も仏間に生かしていただきました。

今は毎日、その欄間の下で、食事をし、絵を書き、本を読み、語り合い、家族のだんらんを過ごします。

欄間が心豊かに生活が送れるよう、見守ってくれています。

コバジュウさんの設計、建築を通じて、家族の思いを形にすることができました。

イラスト寄稿「たぬきの兄弟」 渡辺 雅美

登場するたぬきは兄弟で、コロ、トロと言います。

もともとコロは、わたしの妹が30年以上前に買ってきたピンクのたぬきのぬいぐるみでした。

その時一緒に売られていた青い色のたぬきは、買うことはありませんでしたが、トロと呼んでいました。

わたしたち姉妹は、こどものころ「コロ、トロは足柄の山から横浜にやって来ました。２人の父は陶芸家で、足柄の山奥でみんながふだん使う食器などを作っています。お山で火事があったとき、弟のトロはまだ赤ちゃんで、こわくてブルブル震えているうちに、体が青くなってしまいました…」のように、想像をふくらませて遊んでいました。

結婚したわたしが新婚時代に暮らした街で、おもちゃ屋さんで売られていた青いトロを見つけて買いました。

こうして、ようやくたぬきの兄弟が揃いました。今も、ピンクのコロは妹の家に、青のトロはわたしの家にいます。

コロ、トロはさまざまな折に、さまざまな場所に登場します。渡辺家の新築の際にも、時々、友達を連れて現れました。

「お兄ちゃん、木のいい匂いがするねえ。足柄の森とおんなじだよ！」

心がウキウキする日々でした。

おわりに

目につくところ、見えるところ、それがすべてではない。

そんなふうに理屈ではわかっていても、いざその場に立つと、どうしても目につくところ、見えやすいところに気を奪われがちである。

目につかない、見えにくい部分に、どのような過去や歴史、巧まざる技術や仕掛けが隠されているのか……まではなかなか思いが至らないものである。

そして同じものを見ても、その人の体験の多さや経験の深さ、広さによって、見え方が大きく変化するのではないか、とも思う。

話は変わるが、私たちが存在する宇宙の中の太陽系、その中の地球、多くの生命が生息する地球であるが、一日に一回自転しているというその速さはどのくらいのものか。計算によると、時速一六六六キロメートル、秒速にすると五〇〇メートルに及ぶそうである。さらに地球は太陽の周りを回っている。その速度は時速一〇万キロメートル以上、秒速三〇キロメートル、つまり一秒間で三〇キロメートル先に達するという恐ろしいスピードで宇宙という大空間を太陽を追いかけて移動している宇宙船のような存在なのである。

その地球上の人類であるが、宇宙は気が充満している存在であり、宇宙と人は同じ気でつながっているという。人は、数百種類一〇〇兆個といわれる菌類が、六〇兆個の細胞と関わり、細胞が動物として生きてゆくために必要な各種の臓器や脳を形成し、人としての形を保ち、各種の栄養素を摂取することで日々の活動が可能とされている。

人類は何十万年もの長い間、岩陰や洞穴を住居として生きてきたが、古代に及んで木や石や草を使い神殿を創り、自然を崇拝し畏敬し、家を造り住むようになった。特に日本においては有史以前から、木の材質にかなりの知識を持ち、適材を適所に使い分ける能力を発揮していた民族と言われている。

興味深いのは『日本書紀』に出てくるスサノオノミコトの話である。「乃《すなは》ち鬚髯《ひげ》を抜《ぬ》きて散《あか》つ。即《すなは》ち杉《すぎのき》に成《な》る。又《また》、胸《むね》の毛《け》を抜き散つ。是《これ》、檜《ひのき》に成る。尻《かくれ》の毛は、是柀《まき》に成る。眉《まゆ》の毛は是櫲樟《くす》に成る」とあり、特にヒノキ、スギ、クス、マキの四種は、ヒノキは宮殿に、スギとクスノキは船に、マキは棺に使えと用途まで教えている。

日本は大東亜戦争後、昭和の四〇年代に入り伝統を捨て、化学物質により生産された人工建材で家を作るようになり、多くの人々が苦しんだことは記憶に新しいことであり、現在もその流れが継続されている。

自然素材が発揮する人を癒す素晴らしいハーモニー、目に見えない伝統、歴史、技術にもう一度目を向けていただき、悔いのない家づくりを実現していただければ、一建築人としては本望とするところであります。

最後になりましたが、本書出版に当たりまして多くの方々にご尽力賜りましたことに大いなる感謝を込めて御礼の言葉とさせていただきます。

二〇一七年一月初旬　杏仁庵にて

笑顔の建築人・小林康雄

著者プロフィール
小林 康雄（こばやし やすお）
株式会社小林住宅工業代表取締役、棟梁。1940年、東京都生まれ。品川区立宮前小学校に入学。その後、戦後疎開で親元を離れ、小学2年生から中学校卒業まで長野県坂城町で育つ。1955年、東京の銘木店に入店。1958年、建築大工の見習いとなる。1960年、横浜へ大工職人として赴任。働きながら建築士の資格を取得。1971年、有限会社小林住宅工業を設立(1984年に増資、現在の株式会社に組織変更)。その後は「長寿健康住宅」「シックハウスにしない家づくり」の実現を目指して活動に取り組む。一般社団法人「自然流の会」を立ち上げ、理事長に就任。現在は自然素材100%の家づくりに取り組むかたわら、「自然流健康の家」から予防医学という考え方を広める活動に尽力している。
【ホームページ】
株式会社小林住宅工業（通称：こばじゅう） http://www.kobajyu.co.jp/
一般社団法人「自然流の会」 http://jinenryu.net/

子どもに安心して住める家を残したい

2017年3月15日　初版第1刷発行

著　者　小林 康雄
発行者　瓜谷 綱延
発行所　株式会社文芸社
〒160-0022 東京都新宿区新宿1－10－1
電話 03-5369-3060（代表）
03-5369-2299（販売）

印刷所　図書印刷株式会社

ISBN978-4-286-17567-6